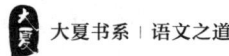 大夏书系 | 语文之道

小学语文学习任务群的解读与实践

王林波 ———————— 著

Xiaoxue Yuwen
Xuexi Renwuqun de
Jiedu yu Shijian

 华东师范大学出版社
·上海·

自 序
一线教师，要相信思考和实践的力量

经常到不同省市的学校参与教学研究活动，常常听课，也常常上课，与老师们一起研讨。很多次在互动环节，老师们都讲到了自己的困惑：教了十几年小学语文了，原本感觉还不错，得心应手，可《义务教育语文课程标准（2022年版）》（以下简称"新课标"）颁布了，"学习任务群"等一系列名词扑面而来，突然感觉自己不会教语文了。

有这样困惑的不仅是某个省市的老师，也不仅是某个年龄阶段的老师，具有相当的普遍性，看来老师们确实遇到了困难。

既然已经敞开了心扉，那就让老师们继续说说自己的困惑吧。不同学校的老师们的困惑相似度极高：2022年4月颁布了"新课标"，原本以为暑假或者秋季开学，会有很多培训，就是那种实操性很强的培训，参加了培训，我们即便是照葫芦画瓢，也能八九不离十地把课上好。可是，我们期望的培训并没有那么多，也没有那么实用。为数不多的培训，只是在解读"新课标"，可我们一线教师需要的是课堂实操的方法。

老师们所言极是，确实，一线教师能够参加的培训是有限的，我们更希望获得课堂实操方法，拿来就能用的方法，但所参加的为数不多的培训往往理论阐述太多，理念解读太多，落不了地，对一线教师来说，缺乏实用性。

既然不少关于"新课标"的培训课堂实操性不强，那我们自己就在一线，何不自己进行研究呢？

这个问题一抛出，会场一下子就热闹了，老师们有说不完的话：一线教师太忙了，完成本职工作都挺不容易的，哪还有时间来研究这些呢？研究，那还不得是大学教授的事情，至少也是教研员的事情吧，一线教师哪能研究这些高深的内容呀？大学教授、教研员才有可能接触那些课标组的专家，才有机会参加他们的现场培训，我们一线教师哪有机会啊？我知道那些大专家，可他们不认识我啊……

也确实，一线教师太忙了，不过并不是说一线教师就没有研究的能力。层面不同，我们的研究方式不同，收获也会不同，一线教师真做起研究来，一定有着得天独厚的优势。

那么，一线教师该如何研究"新课标"，践行新理念呢？我想，思考与实践是非常重要的。

首先要多去比较和思考。

"学习任务群"是"新课标"提出来的一个新名词，在之前的《义务教育语文课程标准（2011年版）》中是没有的，老师们感到陌生，在教学中不知所措是正常的。为了更深入地理解学习任务群，我们一定要善于比较。我们可以把《普通高中语文课程标准（2017年版2020年修订）》找来进行比较阅读，会发现"新课标"与之的相似度还是挺高的，从中我们能获得不少启示。同时，我们还可以发挥语文教师品词析句的特长，比如可以比较"任务群""学习任务群"的不同，还可以换词比较"学习任务群"和"教学任务群"的异同，在这样反复的比较与深度的思辨中，我们就能更清晰地认识到学习任务群的本质。

记得2022年8月，我为一个小学语文教师的训练营作"新课标"的培训，除了上一节课，还要作关于"思辨性阅读与表达"学习任务群的专题讲座。我很清楚，不少老师都听过课标组成员，以及其他大学教授的讲座，对相关的理念都有所了解。我说："今天，我要带给大家的必须聚焦课堂实操，必须让大家学会思考，敢于实践。"于是，我带着老师们去比较，比较"新课标"中的思辨与心理学中的思维有什么不同，比较学习任务群中的"思辨性阅读与表达"与核心素养中的思维能力有什么关联，比较"思辨性阅读与表达"学习任务群在不同学段教学内容的不同之处。结合不同年级的课例，我带着老师们去思考曾经我们是怎样上这节课的，而今天，当我们把这篇课文归属为"思辨性阅读与表达"学习任务群时，我们又该如何设计教学。就是在这样的思考中，老师们更真切地认识了学习任务群，掌握了一些学习任务群课堂实操的方法。那天的活动从下午两点开始，直到六点多才结束，特别是互动环节，抢话筒发言的场景让我既惊喜又难忘。是的，每一位一线教师都应当被点燃，这样才能出现主动研究"新课标"，积极探索学习任务群课堂实操方法的可喜局面。

在多角度比较与深层次思考的过程中，我有了关于学习任务群的一线解读。今天，我把这些属于一线教师的"新课标"解读进行了整合，呈现在了这本书中。一方面我想带给大家一些启示，另一方面也想告诉所有的一线教师，在比较中思考，用思考推进研究，我们每个人都可以用属于自己的方式研究"新课标"，我们都将收获自己独特的体验。不要等待，不要依靠，我们要主动研究，做有话语权的自己。

其次是要观课和上课。

面对全新的学习任务群，大家纷纷开始了摸索，无论是理论研究者，还是教研员，或者是一线教师，大家都在探索、实践，每个人的研究都非常有价值。目前，还没有哪个人可以说自己的研究结论是最权威的，大家都必须按照这个标准去上课。既然如此，每个层面的研究都有可取之处，但同时又存在着一定的局限性，我们不妨博采众长，多去观课。这里的观课，不止是现场听课，或者观看课例视频，还可以是阅读教学实录、片段，或者是教学设计。我们要看看别人的课堂上呈现出了怎样的变化，有哪些值得借鉴的地方。当然，在看到优点的同时，我们还要进行思考并质疑：这些全新的学习任务群设计是否存在问题？哪些环节是有待改善的？存在的问题有什么共性？多去听听别人的课，多去思考，我们就能学到更多好的做法，也能发现问题，警醒自己。

我们不仅要做冷静的旁观者，更要做扎实的实践者、反思者。一线教师的生命就在课堂上，高光时刻就在教学实践的某一个瞬间。当我们通过比较思考，有了自己对"新课标"，对学习任务群的认识后，一定要让设想变为现实，通过课堂教学的实践去验证自己的设想，不断优化自己的教学设计。观课时，我们会发现精妙的设计，别只顾着在心中叫好，别只顾着在听课本上记录，不妨带着这些不错的设计，走进自己的课堂进行实践。经历了课堂实践，我们的感受会更深刻，收获会更大。

当前，在"新课标"理念落地的过程中，在进行学习任务群课堂实操的过程中，没有所谓的权威，没有固定的范式，我们每个人都可以进行尝试。只要学生是喜欢的，教学是有效的，核心素养是能够达成的，老师们操作起来是得心应手的，这就是好的。

这本书中为大家呈现的课例都是经过课堂实践验证的，都是深受学生喜爱的，希望这些课例能够带给一线教师一些启示。为了更好地发挥这些课例的研讨价值，我特别邀约了一些一直坚守一线的全国名师作课例点评，希望通过他们的深度评析，让大家了解课堂教学背后的理论支撑。能知其然，还能知其所以然，我相信作为读者的一线教师一定也能拥有属于自己的精彩课堂。

最后，我还是想与大家共勉：作为一线教师，我们不能再等、靠、要，我们要主动思考，勇于实践，在思考与实践中探寻学习任务群课堂实操的有效方法，我们要相信思考与实践的力量！

目录
CONTENTS

第一辑
学习任务群的一线解读

单元学习任务群的判定与课堂实操探索　　　　　　　　　　003

学习任务群课堂实操的误区及对策　　　　　　　　　　　　011

依托语文实践活动，有效达成学习任务　　　　　　　　　　020

第二辑
"语言文字积累与梳理"学习任务群的课堂教学

感受生动的表达，积累优美的词句
——《大自然的声音》教学实录　　　　　　　　　　　　031

夯实词句的积累，表达美好的愿望
——《四个太阳》教学实录　　　　　　　　　　　　　　049

设计挑战任务，发展思维能力
——《拍手歌》教学实录　　　　　　　　　　　　　　　064

第三辑

"实用性阅读与交流"学习任务群的课堂教学

梳理信息,揭示花钟背后的秘密
——《花钟》教学实录　　　　　　　　　　　　　　　083

梳理实验过程,学习表达方法
——《蜜蜂》教学实录　　　　　　　　　　　　　　　095

第四辑

"文学阅读与创意表达"学习任务群的课堂教学

想象丰富的画面,感悟生动的表达
——《暮江吟》教学实录　　　　　　　　　　　　　　111

在静与动的对比中感受表达魅力
——《鸟的天堂》教学实录　　　　　　　　　　　　　126

聚焦语言文字,感受文学阅读的魅力
——《四季之美》教学实录　　　　　　　　　　　　　140

写作,让思维在场
——"神奇的探险之旅"写作课教学实录　　　　　　　162

第五辑

"整本书阅读"学习任务群的课堂教学

探秘神奇的巧克力工厂
——《查理和巧克力工厂》整本书阅读推进课教学实录　　　181

运用恰当的阅读方法，感受名著的独特魅力
——《骑鹅旅行记》导读课教学实录　　　196

第一辑

学习任务群的一线解读

单元学习任务群的判定与课堂实操探索

2019年9月，统编小学语文教材全面推行使用，语文要素立刻成为一线教师关注的焦点。语文要素是什么？语文要素有哪些？语文要素该如何落地？经过几年的实践探索，一线教师已经基本弄清楚了这些问题，大都能围绕语文要素进行单元教学设计。2022年4月，"新课标"正式颁布，学习任务群备受老师们的关注，老师们在感到新鲜的同时也有些困惑：终于弄清楚了语文要素的落地途径，现在又来了个学习任务群，学习任务群该如何落地生根？学习任务群能否与语文要素相融合？会不会顾此失彼？甚至有一线教师感慨：语文课，自己教了十几年，现在居然不会教了。

作为一线教师，我们该如何准确判断单元学习任务群的归属，并融合单元语文要素，有效进行教学呢？

一、对照梳理，确定单元教学所归属的学习任务群

"新课标"在第四部分"课程内容"的"内容组织与呈现方式"中写道："义务教育语文课程按照内容整合程度不断提升，分三个层面设置学习任务群，其中第一层设'语言文字积累与梳理'1个基础型学习任务群，第二层设'实用性阅读与交流''文学阅读与创意表达''思辨性阅读与表达'3个发展型学习任务群，第三层设'整本书阅读''跨学科学习'2个拓展型学习任务群。"这里的表述非常清楚，学习任务群有三大类、共六个。但是打开现行小学语文教材，翻看目录，在这方面并没有任何相关的提示。这个单元

到底适合用哪种学习任务群来组织和实施教学，老师们并不清楚。

但当我们打开现行普通高中的语文教材时，会看到各个单元就是按照任务群来编写的，非常清楚。以"必修一"为例，第一单元包括毛泽东的《沁园春·长沙》、郭沫若的《立在地球边上放号》、闻一多的《红烛》、昌耀的《峨日朵雪峰之侧》、雪莱的《致云雀》、茹志鹃的《百合花》、铁凝的《哦，香雪》。无论是其中的诗歌，还是散文作品，都有着浓浓的文学味道，很容易判断，这属于《普通高中语文课程标准（2017年版2020年修订）》中的"文学阅读与写作"学习任务群的范畴。本单元的导语页中写道："学习本单元，可从'青春的价值'角度思考作品的意蕴，并结合自己的体验，敞开心扉，追寻理想，拥抱未来。要理解诗歌运用意象抒发感情的手法，把握小说叙事和抒情的特点，体会诗歌和小说的独特魅力；学习从语言、形象、情感等不同角度欣赏作品，获得审美体验；尝试写作诗歌。"很明显，这就是"文学阅读与写作"的相关要求。再看看"单元学习任务"的内容，特别是最后的"学写诗歌"这一习作要求，我们就更加明晰这个单元的学习任务群归属了。

翻看统编小学语文教材目录，细读同一单元中的几篇课文，我们会发现，有些单元的任务群归属并不是很明晰，这就需要老师们将教材与"新课标"进行对照，梳理出单元课文教学与学习任务群之间的关系。

二、判断取舍，找到语文要素与学习任务群的融合点

统编教材中，一个单元中的某些内容仿佛应该归属这个学习任务群，但其他内容又能归到另一个学习任务群中，让人深感纠结。这就需要我们细读教材内容，进行取舍和判断，作出合理的决定。

例如，三年级上册第七单元编排了三篇课文，分别是《大自然的声音》《读不完的大书》《父亲、树林和鸟》。读一读这三篇课文，我们会发现，这三篇都是精美的散文，文笔不错，很优美，按照"文学阅读与创意表达"这一学习任务群来组织教学没有问题。

反复再读一读课文，你可能又犹豫了，这三篇课文中有很多典型的表达

句式，这样的表达经验是值得积累的，文中的好词佳句那么多，也值得积累啊。"新课标"中对"语言文字积累与梳理"学习任务群是这样定位的："本学习任务群旨在引导学生在语文实践活动中，积累语言材料和语言经验，形成良好语感；通过观察、分析、整理，发现汉字的构字组词特点，掌握语言文字运用规范，感受汉字的文化内涵，奠定语文基础。"如此看来，这一单元归属"语言文字积累与梳理"学习任务群也很恰当。

再看看本单元的口语交际"身边的'小事'"，要求"和小组同学交流你发现的令人感到温暖的行为，或是不文明的行为，再谈谈你对这些行为的看法"，很显然，这属于思辨性的表达。本单元的习作是《我有一个想法》，教材中写道："生活中有很多需要改进的问题。如果我们积极表达自己的想法，提出改进建议和解决办法，就能使生活变得更加美好。""生活中有哪些现象或问题引起了你的关注？你对这些现象有什么想法？从自己发现的或同学列举的现象中选择一个写一写。"可以看出，这也属于思辨性的表达。

一个单元的教学，我们有了三种不同的学习任务群的归属思考，到底怎么定？我们知道，定位不同，教学的方式、教学的重点就会不同，怎么办？这就需要我们作出判断并进行取舍。

我们不妨看看编者的意图。细读本单元的导语页以及"语文园地"中的"交流平台"，我们会发现，这个单元要求"感受课文生动的语言，积累喜欢的语句"，单元导语页明确提出这一语文要素后，"交流平台"梳理出了归类摘抄、批注感受、经常翻看、多读多背、注明出处等具体的、可操作的方法。《大自然的声音》《读不完的大书》《父亲、树林和鸟》这三篇课文的课后题中也分别点明了要积累的词句，这些词句表达很生动，值得积累，同时，这些词句的结构方式或表达方法也是值得学习的，这样的表达经验同样值得积累。基于以上认识，就本单元的三篇课文而言，我们就可以作出判断和取舍了：这一单元的课文教学，我们可以用"语言文字积累与梳理"这一学习任务群来组织和呈现教学。引导学生通过摘抄的方式积累好词佳句，这是落实本单元语文要素的举措，也是"语言文字积累与梳理"这一学习任务群落地的体现，将本单元的语文要素与学习任务群进行适度融合，老师们就不用在语文要素与学习任务群之间纠结了，课堂教学变得简单了，同时又实现了语文要素与学习任务群的共赢。

三、整体着眼，创设有内在关联的任务情境

明确了一个单元的学习任务群归属，接下来就要设计本单元的学习任务群了。学习任务群是课程内容的组织与呈现方式。在设置学习任务群的时候，要注意以学习主题为引领，以学习任务为载体，整合学习内容、情境、方法和资源等要素，体现出情境性、实践性、综合性。

创设好任务情境，能够让学生的学习更主动，达到乐于实践、勇于探索的效果，正如"新课标"中所写的："义务教育语文课程实施从学生语文生活实际出发，创设丰富多样的学习情境，设计富有挑战性的学习任务，激发学生的好奇心、想象力、求知欲，促进学生自主、合作、探究学习"。

下面，我们以三年级上册第七单元为例，谈一谈这一单元任务情境的设置以及学习任务群的设计。

这一单元包含《大自然的声音》《读不完的大书》《父亲、树林和鸟》三篇课文。阅读课文内容，我们发现这三篇所写的内容都与大自然有关，单元导语页中也写道："大自然赐给我们许多珍贵的礼物，你发现了吗？"根据课文内容，结合本单元的人文主题，我们就可以创设这一单元的任务情境了：大自然的奇妙之旅。

在学习这三篇课文的过程中，学生将在大自然中进行奇妙的旅行，发现并感受大自然中那些奇妙的现象。《大自然的声音》描绘了风与水两位音乐家以及动物这个大自然的歌手美妙的声音，我们据此可以创设任务情境：欣赏大自然的音乐之声；《读不完的大书》写了大自然这部有着无穷无尽奥秘和乐趣的大书，那我们就可以引导学生阅读大自然这本奇妙之书；《父亲、树林和鸟》中，人与树林，还有鸟的相处是那么和谐，父亲那么了解鸟、爱鸟，于是，我们就可以创设感受大自然的和谐之美这一任务情境了。

有了大的方向，明确了每一课的任务情境，再细读课文，结合课文内容以及课后习题，我们就可以设计出每一课的学习任务群了。如《大自然的声音》这一课文描绘了自然界丰富有趣的声音，为了激发学生的兴趣，我们可以从各种奇妙的声音切入教学，设计第一个任务"听听音乐家的声音"；第二个任务"填写音乐家的档案"的设置能够达到引导学生整体感知课文的目的，同时也呼应了课后第二题；"欣赏音乐家的作品"是第三个任务，也是本课教学的重点，能够引领学生达成语文要素的要求。这样一来，任务情境创设出来了，每一课的任务群也明确了，它们相互关联，有着内在的逻辑关系，体现了"新课标"的精神。

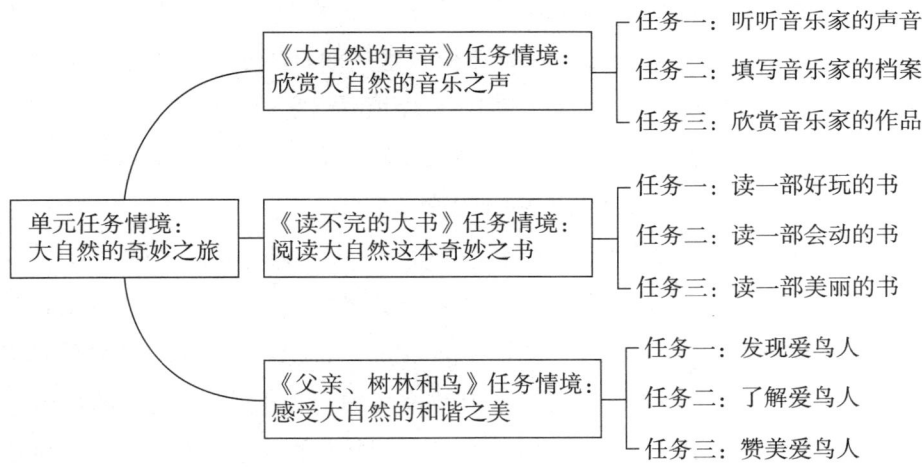

四、设计活动，在言语实践中提升语文素养

"新课标"在"课程理念"中指出：构建语文学习任务群，"要以生活为基础，以语文实践活动为主线"；在"课程内容"部分写道："设计语文学习任务，要围绕特定学习主题，确定具有内在逻辑关联的语文实践活动"；在"语言文字积累与梳理"学习任务群中写道："本学习任务群旨在引导学生在语文实践活动中，积累语言材料和语言经验，形成良好语感"。

三段文字中，始终强调的都是语文实践活动，的确，语文能力只有通过语文实践活动才能提升。语文就是这样一门综合性、实践性课程。要提升学生的核心素养，离不开的是语文实践活动，只有在实践的过程中才能提升学生的语文实践能力。我们所设计的学习任务群靠什么达成？靠的就是具有内在逻辑关联的语文实践活动。

创设好了任务情境，设计好了学习任务群，我们接下来就要设计有效的语文实践活动了，就要引导学生在语文实践活动中提升语文素养了。下面以《大自然的声音》一课为例，说说与学习任务群相应的语文实践活动该如何设计。

《大自然的声音》一课可以设置三个任务："听听音乐家的声音""填写音乐家的档案""欣赏音乐家的作品"。这三个任务相互关联，层层推进。听听音乐家的声音，是要通过听声音认识大自然的音乐家，认识了这些音乐家，才能在读课文的基础上了解它们，从而填写出它们的档案来。对于大自然中的音乐家，我们要走近它们，深入地了解它们，欣赏音乐家的作品，就需要品读重点段落，感受大自然声音的独特魅力。

在"听听音乐家的声音"这一任务中，可以设计两个语文实践活动："借助游戏猜一猜""认读词语学摘录"。本单元的教学，其中一个很重要的目标就是要教给学生摘抄的方法，不断丰富学生的语言积累，因此，在设计语文实践活动的时候，一定要注意聚焦，让语文实践活动直指单元教学的目标。

在"借助游戏猜一猜"活动中，我们可以播放风声、雨声等，让学生猜猜是什么声音；接着可以让学生用自己积累的拟声词来形容这些声音；最后还可以请学生说几个拟声词，其他同学来猜猜是哪种事物发出的声音。这样不仅能激发学生的兴趣，还能激活学生以往所积累的词语。

在"认读词语学摘录"活动中，我们先请学生自读课文，找出课文中的拟声词"滴滴答答""叮叮咚咚""叽叽喳喳""唧哩哩唧哩哩"以及带有拟声词的"小溪淙淙""河流潺潺""大海哗哗"等。在读的过程中，我们不仅要引导学生积累词语，还要引导学生在读中比较，在比较中发现这些词语的不同。"小溪淙淙""河流潺潺""大海哗哗"都是"事物名称＋拟声词"的结构方式，那么，前面的几个拟声词是否也可以用这样的方式表达呢？于是便有了"雨点滴滴答答""小鸟叽叽喳喳"等表达。这里积累的不仅是词语，还有表达的经验；这里进行的不仅有积累，还有梳理，更有语言的运用。这样的课堂，语文味就很浓厚。在学生反复读后，我们还可以指导学生进行摘抄，教给学生分类、注明出处等摘抄方法。

紧接着，可以指导学生完成第二个任务"填写音乐家的档案"。我们从课后题中可以发现，第二题就是在引导学生进行课文内容的梳理。大自然有很多美妙的声音，都包括什么呢？教学时，我们可以引导学生在读课文的过程中去梳理有关的信息，完成音乐家档案的填写。这样不仅能够帮助学生更快地把握课文的主要内容，了解课文大意；同时，也有助于训练学生汲取信息的能力；另外，因为所找到的关键信息就是第 2~4 自然段的首句，这也就巩固了三年级上册第六单元"借助关键语句理解一段话的意思"这一语文要素。

"欣赏音乐家的作品"是本课非常重要的一个任务，因此我们设计了"欣赏风的琴声"和"品味水的合奏"两个语文实践活动。细读课文，我们会发现，写风的声音的这一段话，作者的语言表达很有特点，拟人手法的运用让风有了情绪，让风声有了别样的魅力。但这一课的教学，我们不能简单地去分析拟人手法的好处，而要落实语文要素"感受课文生动的语言，积累喜欢的语句"。学生感受课文语言的生动，靠的不是教师的讲解，而是自己的朗读。让学生一遍一遍地朗读，紧扣关键词"轻轻柔柔""呢喃细语""温柔""激动""雄伟的乐曲""充满力量"，读出不同的语气和语调来。反复朗读，读出不同，学生才能真正体会到这段话的生动之处。也只有在反复朗读的过程中，学生才能达到熟读成诵，达到积累的效果。这也达成了课后第一题的"朗读课文，体会大自然声音的美妙。背诵第 2~3 自然段"的要求。同时，这样的语文实践活动设计，也正吻合了"语言文字积累与梳理"学习任务群"旨在引导学生在语文实践活动中，积累语言材料和语言经验，形成良好语感"的目标。

"语言文字积累与梳理"学习任务群不仅要"引导学生在语文实践活动中，积累语言材料和语言经验，形成良好语感"，还要引导学生"通过观察、分析、整理，发现汉字的构字组词特点，掌握语言文字运用规范，感受汉字的文化内涵，奠定语文基础"。因此，在"品味水的合奏"这一语文实践活动中，我们不仅要引导学生熟读成诵，感受作者表达的生动，及时运用方法进行摘抄，还要引导学生对语言表达进行梳理，发现作者遣词造句的特点，掌握运用语言的方法。我们可以紧扣"小溪淙淙，流向河流；河流潺潺，流向大海；大海哗哗，汹涌澎湃。从一首轻快的山中小曲，唱到波澜壮阔的海洋大合唱"这段话，引导学生在自由读、比较读、合作读的过程中，通过梳理与探究，发现这段话在表达上的特点：一方面，分句之间有着对应的关系，前面有"小溪淙淙"，后面便有"河流潺潺""大海哗哗"，前面有"轻快的山中小曲"，后面便有"波澜壮阔的海洋大合唱"；另一方面，前一句的结尾，就是后一句的开头，于是，便形成了"流向河流—河流潺潺""流向大海—大海哗哗"这样非常有趣的结构方式。通过这样的语文实践活动，学生的语感一定会得到提升，语言积累一定会更加丰富。

　　"新课标"为我们带来了全新的理念，将变革我们的课堂教学方式。面对挑战，我们不应该畏惧，更不必抱怨，多思考、多实践，不断梳理与探究，整合与融通，我们有理由相信：语文要素不会被冷落，被遗弃；学习任务群也将在课堂上落地生根，健康成长。

学习任务群课堂实操的误区及对策

"新课标"颁布后,学习任务群无疑是最受一线教师关注的话题,在实践探索的过程中,广大一线教师进行了有益的尝试,同时也走进了某些误区。面对问题,如何改进,这是我们必须着力探究的。

一、达成学习任务,应依托语文实践活动

> 课堂再现

一位教师在设计一个第一学段的学习任务时,安排了如下的学习活动:

活动一:寻找相似叶。

请以小组为单位,带上任务卡和小伙伴们仔细观察,寻找与任务卡上相同叶形或相同叶脉的树叶,分类摆放并粘贴在任务卡上。

活动二:设计叶发型。

请打开思维的天窗,去寻找合适的树叶,给你的"小客人"设计一款独特又可爱的"发型"吧!

活动三:唱响叶之歌。

请你发挥想象力,唱一首关于叶的歌曲吧!

> 误区分析

为了达成一定的学习任务,老师安排了一系列的学习活动,以学习活动

为支架，支撑学习任务的完成，这样的思路是正确的。这位教师在设计学习活动时，能够从学生的角度出发，想方设法让学生充分地参与到实践活动中，凸显了学生的主体地位，值得肯定。不过，仔细分析，我们就会发现，以上的活动确实是实践活动，有利于调动学生的学习积极性，但是，这样的活动似乎缺失了语文的味道。

如果我们细读"新课标"对六个学习任务群阐述内容的第一句话，就不难发现它们的相似性。六大学习任务群的首句无一例外都写道："本学习任务群旨在引导学生在语文实践活动中"，可见，在小学语文教学中，我们要设计学习任务群，要引导学生参与实践活动，但这些实践活动必须具有语文的学科属性，必须是"语文实践活动"。

回顾上面的学习活动，"请以小组为单位，带上任务卡和小伙伴们仔细观察，寻找与任务卡上相同叶形或相同叶脉的树叶，分类摆放并粘贴在任务卡上"，这是科学学科的活动；"请打开思维的天窗，去寻找合适的树叶，给你的'小客人'设计一款独特又可爱的'发型'吧"，这是美术学科的活动；"请你发挥想象力，唱一首关于叶的歌曲吧"，这是音乐学科的活动。

在这样的一节课上，我相信学生是活跃的，学生也能充分地动起来，但当活动结束后，学生收获了什么？在语文素养方面有什么提升？这种看似动起来，看似很活跃的实践活动是值得我们警惕的。语文课必须体现语文的学科特性，语文课上的活动一定要是语文实践活动才行。

对策探究

设计语文实践活动，必须体现"语文"的学科特性，必须关注学生的实践活动。也就是说，我们在设计语文实践活动时，既要关注学生是否深入参与其中，还要思考这样的活动是否能够提升学生的语文素养。

以三年级下册第三单元的《赵州桥》一课为例，我们可以设计相关的语文实践活动：

活动一：抓住重点词，简要介绍赵州桥的特点。

活动二：紧扣关键句，全面了解赵州桥的特点。

活动三：变换角色，借助关键词，介绍赵州桥。

活动四：化用资料，丰富内容，介绍赵州桥。

以上四个语文实践活动，设计的出发点是学生，也就是说，这四个活动都是以学生为主体的，是学生要去做的事情，我们甚至可以把"学生"加到这个活动前面，试着读一读，看是否合理、通畅。例如：学生抓住重点词，简要介绍赵州桥的特点；学生变换角色，借助关键词，介绍赵州桥。

再看这四个实践活动，每一个都充满着语文的味道。"抓住重点词""紧扣关键句"，这不就是最常用的学习语文的方法吗？后面的借助关键词介绍赵州桥、化用资料介绍赵州桥，不都是在训练学生的口语表达能力吗？当我们着眼于学生，设计充满语文味道的实践活动时，学生一定能够在实践活动中提升语文素养，这也正是语文教学的追求。

二、设计恰切的活动，应领会教材编者意图

课堂再现

教学统编教材四年级上册第七单元《为中华之崛起而读书》一课时，一位教师设计了这样的活动：

活动一：绘制思维导图，走进周恩来的童年生活，理解周恩来少年立志的原因。

活动二：拓展阅读《大江歌罢掉头东》，理解青年周恩来的求学之愿。

活动三：观看电影《少年周恩来》，写一写《我与周爷爷比童年》观后感，感受少年周恩来的勤奋刻苦、坚强担当、远大志向。

活动四：主题演讲"周爷爷十二，我十二"。

活动五：搜集周恩来的相关资料，从伟人的童年、少年、青年、老年，求学、革命、建国、外交等层面进行了解和探讨，组织手抄报、故事会、诗朗诵比赛。

误区分析

这五个活动的设计，应当是煞费苦心的。从形式上看，非常多样，绘制思维导图，有利于学生把握课文主要内容，厘清周恩来少年立志的原因；拓展阅读、写观后感、主题演讲等几个活动关注到了阅读、写作、口语表达等多个方面；搜集资料，完成手抄报、故事会、诗朗诵比赛等对于提升学生的语文综合素养也是大有裨益的。

再仔细分析以上五个活动设计，似乎也都能体现学生的主体性。的确，这五个活动都是学生要去完成的，用刚刚我们的验证方法，在前面加上"学生"来读一读，也都基本通顺，似乎没有问题。再审视一下"语文味"，这五个活动涉及了阅读理解、写作表达、朗诵演讲、资料搜集等，也都是学生语文素养的体现。这一切似乎都没有问题，但当我们带着这样的活动走进课堂时，却发现很难实现，教学时间严重不足，教师、学生非常辛苦。确实，有时理想很丰满，但现实太骨感啊！

对策探究

设计语文实践活动，我们必须领会编者意图，切不可层层加码，这样只会苦了教师，累着学生。

打开教材，我们仔细阅读，会发现《为中华之崛起而读书》这一课编者的意图并没有那么复杂，那么高难度。这一课的课后题有两道：

1. 默读课文，想想课文讲了哪几件事，再连起来说说课文的主要内容。
2. 课文多次出现"中华不振"这个词语，查阅资料了解当时的社会状况，结合下面周恩来写的诗，理解他立下如此志向的原因。

　　　　大江歌罢掉头东，邃密群科济世穷。
　　　　面壁十年图破壁，难酬蹈海亦英雄。

除了两道课后题，编者还安排了一个小练笔：

如果有人问你为什么而读书，你的回答是什么？想一想，写下来，注意写清楚理由。

我们知道，课后题是编者意图的集中体现，从第一题中可以看出，这是要引导学生归纳课文讲述的事件，从而说清楚课文的主要内容。这指向的是这个单元的语文要素：关注主要人物和事件，学习把握文章的主要内容。第二题是查阅资料，结合周恩来的诗句，理解少年周恩来立志的原因，这道题是本单元人文主题"家国情怀"的体现。

在领会了编者意图后，再来对照以上五个活动，我们会发现有些活动的要求确实有些高了，应当进行删减。比如，活动三、活动四就可以删除，活动五虽然指向的是资料搜集，但是附加条件太多，难度过高，要求四年级孩子"从伟人的童年、少年、青年、老年、求学、革命、建国、外交等层面进行了解和探讨"，确实太难为他们了，后面的"组织手抄报、故事会、诗朗诵比赛"也都不是那么容易的事情。因此，这个要求我们不妨简化为：搜集周恩来的相关资料，在分享交流中进一步理解他立下"为中华之崛起而读书"这一志向的原因。这样，既能凸显本单元的人文主题，也能体现这一课编者的编写意图。

我们看到，这一课的课后安排有"小练笔"。小练笔也是本课重要的教学内容，教学中不能忽视，更不能将小练笔当作可有可无的内容，安排课后由学生自行完成。我们要有效指导，引导学生通过实践练习，提升学生的表达能力。在教学中，我们可以增设一个学习活动：对照反思改进，写出自身的读书目的。这样设计，一方面能够引导学生将少年周恩来与自己进行对比，引发自己对读书目的的重新思考，达成"家国情怀"这一人文主题；同时，学生在练笔的实践中，一方面要写清楚自己的读书目的，另一方面，还要写出相应的理由，并且有条理地表达出来，这对于提升学生的思维能力和语言运用能力都是大有好处的。

对照编者意图，结合本单元的人文主题和语文要素，我们就可以将原本的五个活动优化为以下四个语文实践活动：

活动一：绘制思维导图，讲述课文主要内容。

活动二：进行拓展阅读，理解伟人求学之愿。

活动三：搜集分享资料，感受伟人家国情怀。

活动四：对照反思改进，写出自身读书目的。

三、任务与活动的安排，应考虑课堂的实操性

课堂再现

案例一：

一位二年级的教师在教学《校园之秋》时设计了如下活动：

活动一：我是秋天的观察员。

尽情阅读，发现秋日之美，分享自己阅读过的与秋天有关的文学作品，介绍相关作品，在阅读中积累词语、古诗和名句。同时，和小伙伴们一起动身去寻找美丽的"校园之秋"。

活动二：我是秋天的收藏家。

举办"校园之秋"博览会，在自己的展区介绍在校园中发现的最能代表秋天的事物，并在游览其他小组的展区时，感受大家对秋天的喜爱。

活动三：我是秋天的代言人。

制作"校园之秋"纪念册，通过图文结合、创意叶画等方式创编秋季的诗句，表达自己对校园之秋的了解和热爱。

案例二：

一位教师在教学五年级下册第一单元时，创设了主题情境"珍藏童年岁月"，设计了如下活动：

活动一：童年蔬菜馆。

活动二：童年故事馆。

活动三：童年美食馆。

活动四：童年音乐馆。

活动五：童年玩具馆。

活动六：童年游戏馆。

误区分析

我们发现，无论是第一学段，还是第二、三学段，老师们在设计学习任务群及语文实践活动时，都是非常用心的，都在变换花样，力求出新，这样的出发点是好的，很值得肯定。但是，作为一线教师，我们还必须思考一个现实问题：这些活动能够落地吗？该如何进行课堂实操？

二年级的学生，发现秋日之美，可以断定，这是二年级第一学期的活动，也就是刚刚从一年级升入二年级两个月的学生，他们要分享自己阅读过的与秋天有关的文学作品，介绍相关作品，这具有操作性吗？他们读过哪些相关的文学作品？别说是二年级学生，换作是四五年级的学生，都有一定的难度。举办"校园之秋"博览会，设计这一活动的出发点非常好，但是，举办博览会哪有那么容易？学校要组织一次博览会都得经过数周的策划和准备，班级要做博览会容易吗？二年级的学生能够在比较短的时间内完成自己展区的布置吗？另外，制作"校园之秋"纪念册，创编诗句，也没有那么轻松。

五年级学生要完成童年蔬菜馆、故事馆、美食馆、音乐馆、玩具馆、游戏馆等六大活动，也并不轻松。即便是都能完成，这些活动与本单元的语文要素，与每一课的编者意图又有着怎样的关联呢？

我们要设计学习任务群，首先要对学习任务群有清楚的认识。"新课标"指出："义务教育语文课程内容主要以学习任务群组织与呈现。"学习任务群是组织与呈现课程内容的方式，我们要通过设计学习任务群这种方式，达成提升学生语文核心素养的目的。课程的组织与呈现方式是为达成目的服务的，我们不能一味追求方式的多样，而忽略了目标的达成。

对策探究

设计语文实践活动，我们必须从学生的实际认知水平和能力水平出发，切不可一味追求形式的多样，能否落地课堂、是否具有实操性是我们必须考虑的实际问题。

我们以五年级下册第一单元的教学为例，这一单元的人文主题为"童年往事"，语文要素为"体会课文表达的思想感情"，习作要求为"把一件事的重点部分写具体"。本单元包含《古诗三首》《祖父的园子》《月是故乡明》《梅花魂》四篇课文，以及口语交际"走进他们的童年岁月"和习作"那一刻，我长大了"。

教学时，从单元整体出发，进行学习任务群的设计是非常好的一个思路。但是，我们必须认识到，通过这种方式，最终我们要达成的，除了让学生感受到童年往事的美好，还要掌握体会课文表达思想感情的方法，能够把成长中印象深刻的事情写具体。

因此，在设计这一单元的学习任务群时，我们可以尝试着进行逆向思维。从本单元的习作着手，通过学习活动的层层推进，达成语文要素及习作要求，感受到童年的美好，实现人文主题、语文要素及习作要求三者的共赢。

首先，我们可以确定单元主题，创设任务情境——成长故事分享会，接着就可以设计本单元的学习任务群了。

任务一：回顾生活，用一段话记录自己难忘的成长事件。
任务二：通过聊天、访谈的方式，了解长辈的童年生活。
任务三：学习课文，习得表达方法，不断完善成长事件。
任务四：借"交流平台"梳理写法，再次修改成长事件。
任务五：召开成长故事分享会，在互动中改进成长事件。

这五个任务相互关联，层层推进，有因有果，逻辑关系紧密。首先，引导学生回顾生活，用一段话记录自己难忘的成长事件，这样的事件一定是学生印象深刻的、最想表达的，这就让习作先有了内容，有了情感的基础。接着，让学生通过聊天、访谈的方式，了解长辈的童年生活，在此基础上学习课文，帮助学生获取写作的灵感与方法。这个单元包含四篇课文，每一篇课文的写法都很独特，有的直接抒发情感，有的借助具体事物表达情感，有的通过细节描写表达情感，这些方法都是值得学习的。当学生学完一篇课文，学到了写法后，就可以进行一次对自己成长事件的修改完善。学完四篇课文，自己的成长事件就经历了四次修改完善，这时候，曾经的一段话就已经蜕变为了一篇习作，一篇蕴含着真情实感、体现着表达技法的习作。

完成了自己的成长故事，再召开成长故事分享会就不难了，这实际上就是一种成果的分享与交流，而在这样的交流过程中，我们还可以引导学生进行生生互评，相互提出修改意见，进一步完善自己的表达，这也正体现了教材中"写完后和同学交流，看看有没有把'那一刻'的情形写具体，根据同学的意见进行修改"的要求。

这样设计学习任务群，打破了单篇教学的壁垒，体现了单元教学的整合，实现了单元的整体教学。由果溯因，层层推进，让习作教学与阅读教学相融合，相得益彰。习作教学，从内容和情感入手，让学生有话可说，有话想说，避免了为写作而写作的尴尬。从阅读中学写法，助力习作的完成，学以致用，也能让学生体验到阅读的实用价值，获得成就感。同时，我们也会发现，这样设计学习任务群，每一个任务的完成都具有可操作性，可以落地课堂。召开成长故事分享会看似是一个比较大的活动，但是因为几个任务是层层推进的，最终完成这样的成长故事分享会也就水到渠成了。

践行"新课标"理念，设计学习任务群，我们一定要关注任务设置的合理性，任务之间的逻辑性。学习任务群要依靠语文实践活动来支撑，这些活动一定要从学生的角度进行设计，要体现出语文学科的特性，要兼顾统编教材的特点，融汇编者意图，这样，才能真正实现学生语文核心素养的提升。

依托语文实践活动，有效达成学习任务

"新课标"中学习任务群的出现，为课堂教学注入了活力。我们欣喜地看到很多老师的课堂氛围更加活跃了，学生的学习活动更加丰富了，但面对稍显热闹的课堂，我们必须静下来进行思考：学习任务群到底是什么？课堂上怎样设置学习任务，怎样设计学习活动才更有效？怎样才能让学生既提升语文素养，又能感受语文学习的乐趣？

一、注重逻辑关系，设置学习任务

过去的十余年中，我们一直在使用《义务教育语文课程标准（2011年版）》，这个版本的课程标准在第二部分"课程目标与内容"的"学段目标与内容"中，明确了教学内容，也就是我们非常熟悉的识字与写字、阅读、写话、口语交际、综合性学习。

"新课标"在第四部分"课程内容"中写道："义务教育语文课程内容主要以学习任务群组织与呈现。"虽然学习任务群出现在"课程内容"的部分，但它并非学习内容本身，而是课程内容的组织与呈现方式。

说到组织与呈现方式，不少老师脑海中一下子浮现出来的就是"一、导入新课，激发兴趣；二、整体感知，学习字词；三、精读课文，体会情感；四、感悟写法，落实表达；五、总结全课，布置作业"等我们非常熟悉的教学环节。课堂上，有的老师对这些内容进行了改装，于是便有了所谓的学习任务群，如"任务一：整体感知，学习字词；任务二：精读课文，体会情感；任务三：感悟写法，落实表达"。

这么看来，仿佛学习任务群并不难做，不就是将原来的教学环节改换一下名称吗？其实并非如此，我们先来仔细读一读"新课标"中与学习任务群相关的这段话：

义务教育语文课程结构遵循学生身心发展规律和核心素养形成的内在逻辑，以生活为基础，以语文实践活动为主线，以学习主题为引领，以学习任务为载体，整合学习内容、情境、方法和资源等要素，设计语文学习任务群。学习任务群的安排注重整体规划，根据学段特征，突出不同学段学生核心素养发展的需求，体现连贯性和适应性。

我们发现，学习任务群的安排要注重整体规划，也就是说，我们可以将一个单元作为一个整体进行规划。以四年级下册第三单元为例，这一单元包含了《短诗三首》《绿》《白桦》《在天晴了的时候》等四篇课文，以及综合性学习"轻叩诗歌大门"，可以看出，这个单元非常规整，主题聚焦，文体统一。教学时，我们就可以从整体着眼设置学习任务：先阅读现代诗，感受诗歌的特点和魅力；然后在读懂的基础上发现表达方法，尝试创编现代诗；接着搜集相关诗歌，不断丰富诗歌内容，形成现代诗集；最后就可以分享朗诵，召开诗歌朗诵会了。这样的学习任务群，从整体着眼，层层推进，最终达成语文教学的目标。

我们不仅可以将一个单元作为一个"整体"，还可以将单元中的课文作为一个"整体"，进行学习任务群的规划，这样也能取得不错的教学效果。无论是以一个单元为整体，还是以一篇课文为整体，都应注意所设计的学习任务是一个"群"，组成这个学习任务群的几个学习任务必须是有所关联的，不能是零散的一个个的点，我们要考虑它们之间的逻辑关系，就像"新课标"中所指出的："语文学习任务群由相互关联的系列学习任务组成，共同指向学生的核心素养发展"。我们所设计的学习任务群中的几个学习任务是有着共同的指向的，就是学生核心素养的达成。它们之间是相互关联、彼此相依的，前一个任务是达成后一个任务的基础，后一个任务的实现需要以前一个任务为铺垫。

以三年级下册第三单元的《赵州桥》一课为例，我们可以设置以下四个学习任务：

任务一：借用资料，了解赵州桥的相关信息。
任务二：紧扣词句，了解赵州桥的基本特点。
任务三：当小导游，多角度介绍赵州桥。
任务四：借助比较，感悟古代劳动人民的智慧。

这四个学习任务是一个整体，它们相互关联，互为支撑。要当小导游，介绍赵州桥，必须对赵州桥有所了解才行，任务一和任务二就是在借助资料，借助文本了解赵州桥的相关信息和基本特点，可以说，没有任务一和任务二的铺垫，是不能完成任务三的，它们之间是有着逻辑关系的。任务四是要感悟古代劳动人民的智慧，当学生了解了赵州桥的特点，并多层次对赵州桥进行介绍后，赵州桥的特点自然会了然于胸，其构造之巧妙、设计之精美会让学生深深折服，这时候，对于古代劳动人民也会深感敬佩，感悟古代劳动人民的智慧也就成了水到渠成的事情。任务一和任务二看起来有相似之处，但并不相同，它们是层层推进的，任务一"借用资料，了解赵州桥的相关信息"是相对粗浅的、外显的，而任务二"紧扣词句，了解赵州桥的基本特点"则逐渐走向了深入，需要学生潜心阅读文本，只有理解了内容，才能了解赵州桥的特点。这样设计本课的学习任务群，既体现了整体的规划性，也突出了几个任务之间的关联性，这几个任务的完成共同指向的就是学生核心素养的达成。

二、凸显学科特性，设计实践活动

教学中，我们不仅要设置好具有逻辑关联的学习任务，更要想办法完成这些学习任务，从而达成学生核心素养提升的目的。学习任务并非空中楼阁，它的实现得依靠语文实践活动。语文课的教学，必须以语文实践活动为主线,"新课标"在"课程理念"部分明确指出:"义务教育语文课程结构遵循学生身心发展规律和核心素养形成的内在逻辑,以生活为基础,以语文实践活动为主线"。何为主线?那一定是贯穿课堂教学始终的,语文课上,必须让语文实践活动贯穿始终。

哪些活动属于语文实践活动呢?每一位语文老师都耳熟能详的听说读写就是典型的语文实践活动,如果要从"新课标"中找几个词来表示的话,那就应该是识字与写字、阅读与鉴赏、表达与交流、梳理与探究。这四组关键词与我们传统的表述方式不同,但本质并没有变化,语文活动一定要散发着浓浓的语文味才行。

以《赵州桥》为例,为了完成四个学习任务,我们可以设计相关的语文实践活动,如下表:

任务设置	语文实践活动设计
任务一:借用资料,了解赵州桥的相关信息。	活动一:听歌曲,看图片,了解赵州桥的概况。 活动二:读资料,细辨析,明确赵州桥的建造者。
任务二:紧扣词句,了解赵州桥的基本特点。	活动一:抓住重点词,简要介绍赵州桥的特点。 活动二:紧扣关键句,全面了解赵州桥的特点。
任务三:当小导游,多角度介绍赵州桥。	活动一:变换角色,借助关键词,介绍赵州桥。 活动二:化用资料,丰富内容,介绍赵州桥。
任务四:借助比较,感悟古代劳动人民的智慧。	活动一:紧扣"创举",感受古代劳动人民的智慧。 活动二:活用资料,体会历史文化遗产的价值。

这些实践活动,都体现着语文学科的特点。与任务二对应的两个实践活动,一个是要抓住重点词,一个是要紧扣关键句;而抓重点词、关键句,这都是非常典型的语文学习方法,彰显的是语文学科的属性。与任务三对应的两个实践活动,是借助关键词和资料两种支架来介绍赵州桥。介绍赵州桥,很明显,这是"说"的训练,是表达与交流的语文实践活动。与任务一和任务四对应的实践活动也都体现着语文学科的特性,紧扣"创举"一词,体现的是抓重点词的学习语文的方法。任务一里的听歌曲,请学生听的是河北民歌《小放牛》,目的是要让学生从歌词中获取信息:赵州桥鲁班修。这里要

看图片，看的是赵州桥边的标牌，从上面学生又可以获取信息：赵州桥的建设者是李春，建造年代为公元595—605年。这样就形成了认知冲突：赵州桥到底是谁修建的？这样做能够激发学生阅读课文，获取有效信息的兴趣。这几个实践活动都属于梳理与探究的范畴，也都是典型的语文实践活动。

在教学第1自然段时，我们可以先让学生认读词语：河北省、赵县、洨河、石拱桥、安济桥、隋朝、石匠、李春、设计、建造，在学生读准字音后，再读这段话，将词语放入语境中读，进一步巩固字音。学生读了这段话，对内容有了了解，我们可以让学生借助这些词语，连词成句，对赵州桥的基本情况进行介绍。这样进行教学，无论是认读词语，朗读句子，还是连词成句，介绍赵州桥，都彰显出了浓浓的语文味，是语文课应有的样子。

在教学第2自然段时，我们可以抓住"赵州桥非常雄伟。桥长五十多米，有九米多宽，中间行车马，两旁走人"这两句话，引导学生获取有效信息，了解赵州桥的相关情况，体现出"实用性阅读与交流"这一学习任务群的特点。

获取了有效信息后，还可以补充资料："1980年陕西临潼秦始皇陵西侧出土了一前一后纵置的两辆大型彩绘铜车。前面的一号车为双轮、单辕结构，前驾四马，车舆为横长方形，宽126厘米，前面与两侧有车栏，后面留门以备上下。"这段资料是非常好的语言运用的凭借，教学时，我们可以引导学生将课文中写道的赵州桥有"九米多宽"与这段资料中的铜车"宽126厘米"关联起来，将数学知识与语文学习相融合，计算一下：这座约九米宽的桥上，如果两旁走人，分别要留出1.3米，一辆马车的宽按照1.5米来计算的话，这座桥上最多可以并排行驶几辆马车？当学生完成计算后，老师可以给出句式，引导学生借助计算的结果来进行语言表达：桥长五十多米，有九米多宽，中间行车马，_____，两旁走人。学生进行语言表达，这是非常典型的语文实践活动，体现的是学科的基本属性。

语文课程是一门学习国家通用语言文字运用的综合性、实践性课程。在语文课的教学中，我们一定要设计与语言运用相关的语文实践活动，这样才能切实提升学生的语文素养。"新课标"也指出，义务教育语文课程所培养的学生的核心素养包括文化自信、语言运用、思维能力和审美创造四个方面，它们是一个整体，但同时，学生的思维能力、审美创造、文化自信都以语言运用为基础，并在学生个体语言经验发展过程中得以实现。因此，我们一定要花力气在语文学科属性上下功夫，彰显语言运用这一语文学科的独特属性。

三、突出学生主体，落实学习活动

我们最早看到"学习任务群"这个词语是在《普通高中语文课程标准（2017年版）》中，"新课标"沿用了这一说法。为什么要设计学习任务群？要搞清楚这个问题，我们必须追根溯源。《普通高中语文课程标准（2017年版）》在"课程结构"的"设计依据"中写道："从祖国语文的特点和高中生学习语文的规律出发，以语文学科核心素养为纲，以学生的语文实践为主线，设计'语文学习任务群'""学习任务群以自主、合作、探究性学习为主要学习方式，凸显学生学习语文的根本途径"。可见，设置语文学习任务群的出发点有两个：一是语文学科的特点，一是学生学习语文的规律。看来，我们在设计语文学习任务的时候，必须突出语文学科的特点，凸显学生学习的主体性。

"新课标"在"课程理念"部分写道："构建语文学习任务群，注重课程的阶段性与发展性"。我们特别留意一下，在"学习任务群"的前面有一个限定词"语文"，也就是说，我们所设置的任务必须从语文的视角出发，设置具有语文学科属性的任务。同时，这里特别强调了"学习"任务群，而并非"教学"任务群，可见，我们必须关注学生，从学生的实际出发设置相关的任务，这些任务完成的主体是学生，必须从学生的角度进行设计。

"新课标"明确指出："设计语文学习任务，要围绕特定学习主题，确定具有内在逻辑关联的语文实践活动。"可以看出，学习任务的达成，依靠的就是语文实践活动。因此，我们在设计语文实践活动的时候，也要体现学生的主体性。我们必须"以语文学科核心素养为纲,以学生的语文实践为主线,设计'语文学习任务群'",只有在设置学习任务和语文实践活动时,凸显学生的主体性,才能真正体现"新课标"的精神,修订课程标准,就是要"强化课程综合性和实践性,推动育人方式变革,着力发展学生核心素养。凸显学生主体地位,关注学生个性化、多样化的学习和发展需求,增强课程适宜性"。

以三年级下册第四单元的《花钟》一课为例,可以这样设计学习任务及相应的语文实践活动:

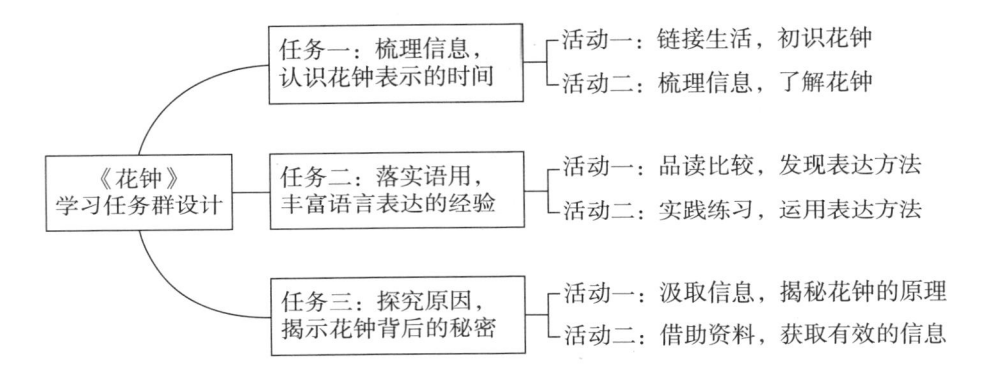

```
                ┌─ 任务一:梳理信息,      ┌─ 活动一:链接生活,初识花钟
                │   认识花钟表示的时间    └─ 活动二:梳理信息,了解花钟
《花钟》         │
学习任务群设计 ──┼─ 任务二:落实语用,      ┌─ 活动一:品读比较,发现表达方法
                │   丰富语言表达的经验    └─ 活动二:实践练习,运用表达方法
                │
                └─ 任务三:探究原因,      ┌─ 活动一:汲取信息,揭秘花钟的原理
                    揭示花钟背后的秘密    └─ 活动二:借助资料,获取有效的信息
```

这一课设置了三个学习任务,它们都是从学生角度进行设计的,怎样检验呢?最直接的方法就是在前面加上"学生",我们试着读一读,看是否通顺,是否合乎情理。我们发现"学生梳理信息,认识花钟表示的时间""学生落实语用,丰富语言表达的经验""学生探究原因,揭示花钟背后的秘密"三句话都是通顺的、合情合理的,因此可以断定这三个任务是从学生的角度进行设置的。

再来看看相关的语文实践活动,我们可以用同样的方式进行检验。加上主语"学生"后,我们看到"学生梳理信息,了解花钟""学生品读比较,发现表达方法""学生实践练习,运用表达方法""学生汲取信息,揭秘花钟的原理"等语文实践活动也都是通顺并合乎情理的,由此看来,这些语文实践活动凸显的就是学生的主体性。

我们再来看看具体的教学,在"品读比较,发现表达方法"这一语文实践活动中，我们聚焦的是这一段话："凌晨四点，牵牛花吹起了紫色的小喇叭；五点左右，艳丽的蔷薇绽开了笑脸；七点，睡莲从梦中醒来；中午十二点左右，午时花开花了；下午三点，万寿菊欣然怒放；五点，紫茉莉苏醒过来；月光花在七点左右舒展开自己的花瓣；夜来香在晚上八点开花；昙花却在九点左右含笑一现……"这段话的表达方法很有特点，值得学习。不过，在教学中我们要凸显的是学生的主体性，因此，不能直接告知学生写法，而是要引导学生在阅读比较中有所发现。比如，引导学生对比前六句话和后三句话，在对比中，学生就会发现我们在表达时可以有变化地来写，有时候时间词可以放到一句话的前面，有时候时间词还可以放到中间来写。我们还可以引导学生将"凌晨四点，牵牛花吹起了紫色的小喇叭；五点左右，艳丽的蔷薇绽开了笑脸；七点，睡莲从梦中醒来"等语句与"中午十二点左右，午时花开花了""夜来香在晚上八点开花"等语句进行对比，引导学生发现，我们可以使用拟人手法让表达更生动，也可以不使用拟人手法，这样语言表达会更有魅力。

就这段话的教学，我们着眼的是语言的表达形式，凸显的是语文学科的特点，学生掌握了表达的方法，但这些方法并不是教师告知的，不是教师"教"的，而是学生通过阅读、比较、思考、发现得来的，凸显的是学生的主体性。我们相信，源于学生自己的发现，他们的印象才会更加深刻，在运用这些方法进行表达的时候，才会更加得心应手。

总之，在践行"新课标"，让学习任务群落地课堂时，我们一定要注意作好整体规划，设置好学习任务群，让相互关联的学习任务形成合力，从而有效促进学生的核心素养发展。我们在设计语文实践活动时，必须从语文学科的基本属性出发，让语文课上的活动充满语文的味道。无论是学习任务，还是语文实践活动，我们都要体现学生的主体性，只有这样，才能促进每个学生的发展。

第二辑

"语言文字积累与梳理"学习任务群的课堂教学

感受生动的表达，积累优美的词句
——《大自然的声音》教学实录

执教者：王林波

任务一：听听音乐家的声音

活动一：借助游戏猜一猜

师：同学们，今天就让我们一起走进奇妙的大自然，认识这位神奇的音乐家。嘘，保持安静，让我们听听这是什么声音。

（课件先后播放小溪流水声、大河流水声、雨声、风声、雷声等，学生猜一猜是什么声音。）

师：刚刚我们是听音频来猜测是什么发出的声音。下面我们换个游戏方式，还是这些事物，谁来说拟声词，大家来猜他说的是哪种事物？

（课件出示小溪、大河、下雨、刮风、打雷等图片，学生选择其中一个，说出相应的拟声词，其他学生猜是哪种事物发出的声音。）

师：好像有些简单了，我们提升一下难度，同学们继续说拟声词，大家猜是哪种事物发出来的声音。

生：呼哧呼哧。

生：喘气的声音。

生：呱呱呱。

生：青蛙叫的声音。

生：呜呜呜。

生：小女孩哭的声音。

生：叽叽喳喳。

生：小鸟叫的声音。

师：我们生活中的声音是多么丰富、多么奇妙啊！今天，就让我们走进大自然，感受大自然的奇妙，看老师写课题。

（教师板书课题，学生齐读。）

赏 析

借助游戏的方式，能够很好地激发学生的学习兴趣，让学生兴致勃勃地参与到学习活动中来。从听声音到模拟声音，再到说拟声词，王老师始终聚焦的是语言的积累，关注的是学生语言素养的提升。

活动二：认读词语学摘录

1. 聚焦拟声词，读中积累

师：大自然中的声音很多很多，而且非常奇妙。现在请大家打开课本，自由读课文，注意读准字音，读通句子，同时勾画出课文中写到的描写声音的词语。

（学生自由读课文，勾画词语，教师巡视。）

师：我们来交流交流吧，说说看，你勾画出了哪些描写声音的词语？

生：我勾画的有"滴滴答答""叮叮咚咚"。

生：还有"淙淙""潺潺""哗哗"。

生：我勾画的是"叽叽喳喳""唧哩哩唧哩哩"。

师：非常好。王老师也从课文中找到了一些描写声音的词语，我们来读一读这些词语吧！（课件出示）

滴滴答答　叮叮咚咚

叽叽喳喳　唧哩哩唧哩哩

小溪淙淙　河流潺潺　大海哗哗

（教师指名读，然后学生齐读。）

师：这些都是跟声音相关的词语，大家读了好几遍了。我问问大家，"滴滴答答"是什么发出的声音？

生：小雨滴的声音。

师：那"叽叽喳喳"呢？

生：小鸟的叫声。

师："唧哩哩唧哩哩"呢？这个声音有些特别。

生：虫鸣。

师：大家发现没有，前两行词语跟最后一行不一样？

生：最后一行不仅写出了声音，还写出了谁发出的声音。

师：我们一起读读最后一行词语。

生：（齐）小溪淙淙、河流潺潺、大海哗哗。

师：非常好，我们能不能在前两行描写声音的词语前面加上事物的名称，像第三行那样表达？

生：小雨滴滴答答。

生：河水叮叮咚咚。

生：小鸟叽叽喳喳。

生：虫子唧哩哩唧哩哩。

师：这就是大自然的声音，听到这么多声音，你能不能用一句话说说自己的感受？

生：大自然的声音很美妙。

生：大自然的声音太奇妙了。

师：课文中也有一句话，表达了这个意思，找找看。

生：在第1自然段，是"大自然有许多美妙的声音"。

师："妙"是这一课的生字，注意看老师写"妙"字，左边先写撇点，再写撇，第三笔横变成提，向右上来写，注意不要出头。右边是一个"少"字。大家也试着写一写这个字吧。

（学生练习书写"妙"字）

赏析

王老师请学生聚焦描写声音的词语，勾画出文中与声音相关的词语，在反复读的过程中进行积累，同时，他引导学生发现表达的规律：前面是发出声音的事物，后面是相关的声音。当学生有所发现后，他引导学生进行语言实践，于是就有了小雨滴滴答答、河水叮叮咚咚、小鸟叽叽喳喳、虫子唧哩哩唧哩哩等表达。从积累语言走向运用语言，这也正是王老师语用教学理念的体现。

2. 学习多音字，读好词串

师：我们再来读读第二组词语。（课件出示）

呢喃细语　乐曲　声音

音乐会　山中小曲　海洋大合唱

（指名读词语）

师：读得特别好，这两行词语中有好几个多音字，大家都读得很准确，值得表扬。"乐"和"曲"都是多音字，除了课文中的读音，还可以怎么读？

生：快乐的"乐"。

生：弯曲的"曲"。

师：很好，呢喃的"呢"也是多音字，我们也经常会用到。

生：你干什么呢？读 ne 的时候经常在句子末尾。

师：多音字可要读准了，否则可能就要闹笑话了。青海的一位校长发微信给我，一开始，我就差点儿闹出笑话来。我们看看这段微信对话，我请两位同学来读读。（课件出示）

陕西的王老师：孙校长，下周我去咱们青海，你们那儿最近冷不冷？

青海的孙校长：王老师好，欢迎你来，我们这儿挺冷呢，最近穿毛呢！

［学生错将毛呢（ní）读作了毛呢（ne），全班笑。］

师：我当时也是这么读的，觉得好奇怪啊！为什么他们喜欢穿毛呢（ne）？难道不穿毛衣或者羊绒衫吗？

生：不是穿毛呢（ne），而是穿毛呢（ní）。

师：发现了吧，读准多音字的读音是很重要的，现在会读了吧？我们男女生合作着读一读。

（男女生合作读）

师：还是刚刚我们读的这些词语，我们再来读一读。不过，这次，我在它们的前面加上了一些内容，谁来试着读一读？（课件出示）

轻轻柔柔的呢喃细语　雄伟的乐曲　充满力量的声音

热闹的音乐会　轻快的山中小曲　波澜壮阔的海洋大合唱

（教师指名读，然后学生齐读。）

师：大家都会读了，但是这样读还不够好，因为没有变化。比如某些词语，在读的时候就应该声音小一点。你觉得哪个词语读的时候声音要小一点呢？

生：轻轻柔柔的呢喃细语。

师：哪些读的时候声音可以稍微大一些？

生：轻快的山中小曲。

师：哪些需要放出声音大声读？

生：雄伟的乐曲、充满力量的声音。

生：热闹的音乐会、波澜壮阔的海洋大合唱。

师：我们再来读一读这些词串，注意读出声音的变化来。

（学生根据词串的不同，读出声音的变化。）

> ○ ○ ○ ○ ○
>
> **赏 析**
>
> 这部分教学充满了欢声笑语，原来，多音字的教学可以这么好玩。教学多音字，我们都知道要创设语境，王老师不仅创设了语境，而且十分巧妙，这样的教学艺术值得称道。

3. 指导分类摘抄，渗透方法

师：现在，我们已经认识了不少描写声音的词语或者词串了。学习课文的时候，遇到特别好的词语我们应该怎么做？

生：多读一读，积累下来。

师：是啊！不光要读一读，记下来，还可以进行摘抄。你看，有好的拟声词，我们就可以摘抄。大家拿出摘抄本，先写上"拟声词"，然后另起一行，把刚刚学到的拟声词摘抄在下面。

（教师示范摘抄词语"滴滴答答"，并指导"滴"字的书写。）

师：这个"滴"字是本课要求书写的生字，谁能提醒大家，同字框里面是什么字？

生：古。

师：刚才还有很多非常好的词串，我们也可以把它们摘录下来，我们另翻一页来写，先写上"词串"二字，然后在后面摘抄，比如"轻快的山中小曲"。

（教师示范摘抄"轻快的山中小曲"，学生进行摘抄。）

师：原来，做摘抄也是有方法的，谁发现了？

生：我们要分类摘抄，这样更清楚，更好找。

师：是啊，我们在学习课文的时候要善于发现好的词语，摘抄的时候要分类进行，方便以后查找。

> ○ ○ ○ ○ ○ ○
>
> 赏 析
>
> 发现了值得积累的好词就应当及时积累下来，摘抄就是非常好的积累方法。这里，王老师教给学生摘抄的方法，留给学生摘抄的时间，让学生在摘抄的实践中掌握摘抄的方法。此刻，课堂是安静的，敢于让课堂安静，这是非常可贵的。

任务二：填写音乐家的档案

师：同学们，大自然的声音真的是非常美妙，课文第 1 自然段就写到了，一起读——

生：（齐）大自然有许多美妙的声音。

生：我发现这篇课文就是围绕这句话来写的。

师：非常好！同学们，大自然这位音乐家的本领可真不小呢，它的声音那么美妙，现在就让我们走近它，了解它。怎么更好地了解它呢？让我们来填一填它的档案吧。下面，请同学们默读课文，填写大自然这位音乐家的档案。

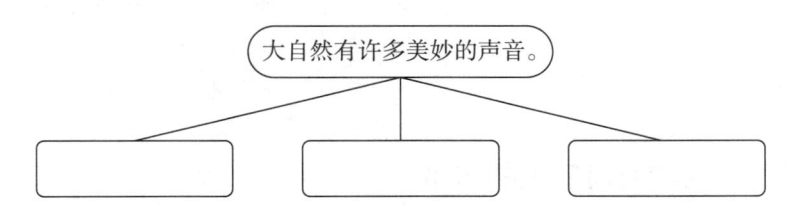

```
        大自然有许多美妙的声音。
         /       |        \
      [    ]   [    ]   [    ]
```

（学生默读课文，填写音乐家的档案，教师巡视指导。）

师：来，我们交流一下。你是怎么填写大自然这位音乐家的档案的？

生：我分别填写的是"风，是大自然的音乐家""水，也是大自然的音乐家""动物是大自然的歌手"。

师：非常好！大家在填写大自然这位音乐家的档案，梳理信息，勾画重点句的时候，有什么发现吗？

生：我找到的这三句话分别是第2、3、4自然段的第一句话。

生：这三段就是围绕这三句话来写的。

师：能具体说说吗？

生：第2自然段是围绕"风，是大自然的音乐家"这句话来写的。第3自然段是围绕"水，也是大自然的音乐家"这句话来写的。第4自然段是围绕"动物是大自然的歌手"这句话来写的。

师：非常好。这种方法我们之前是学过的，还记得吗？

生：是，我们在第六单元学的。《富饶的西沙群岛》和《海滨小城》都是这样的写法。

师：是啊，说得很对。现在通过梳理，大家一定了解了课文内容，通过填写音乐家的档案，大家对大自然这位音乐家也更加了解了。大自然有许多美妙的声音——

生：（齐）"风，是大自然的音乐家""水，也是大自然的音乐家""动物是大自然的歌手"。

○○○○○○○

赏 析

设置填写音乐家档案的学习任务，不仅能够激发学生的兴趣，还能帮助学生快速把握课文主要内容，同时，还能巩固前面所学到的一段话围绕一个意思来写的表达方法。

任务三：欣赏音乐家的作品

活动一：欣赏风的琴声

1. 紧扣关键词，指导朗读

师："风，是大自然的音乐家。他会在森林里演奏他的手风琴。"风会弹奏出怎样的乐曲呢？让我们赶快去读读课文，欣赏欣赏风的琴声吧。（课件出示）

当微风拂过，那声音轻轻柔柔的，好像呢喃细语，让人感受到大自然的温柔；当狂风吹起，整座森林都激动起来，合奏出一首雄伟的乐曲，那声音充满力量，令人感受到大自然的威力。

（指名读）

师：刚刚几位同学朗读了这段话，正确、流畅，但是还不够好。要想读好这段话，大家得关注其中的几个词，你觉得应该关注哪几个词语呢？

生：我觉得关注写微风时的"轻轻柔柔""呢喃细语""温柔"。

师：非常好！知道什么是呢喃细语吗？谁到前面来，跟我呢喃细语一番。

（一生到台上，跟老师耳语。）

师：同学们，你们听到他说话了吗？

生：听到了。

师：这能算是呢喃细语吗？

生：（齐）不能。

师：谁再来试试？

（一生到台上，跟老师耳语。）

师：这次，你们听到了吗？

生：（齐）没有。

师：不过，我听到了，这就是呢喃细语。大家现在知道什么是呢喃细语了吗？

生：就是小声说话。

师：是啊！这句话该怎么读，大家也都清楚了吧？这句话后面还有个词也在提醒我们该怎么读呢？

生：温柔。

师：对，就是这个温柔。你们家谁说话很温柔？是怎么说的？

（一生模仿妈妈温柔说话的样子）

师：现在大家会读这句话了吧？谁来试试？

（多位学生尝试朗读"当微风拂过，那声音轻轻柔柔的，好像呢喃细语，让人感受到大自然的温柔"。教师点评指导。）

师：大家能把这句话读好，后面这句话肯定也没问题。先来说说，要读好后面这句话，我们要关注哪几个词？

生：激动、雄伟的乐曲、充满力量、威力。

师：很好，谁来读一读？

（多人朗读"当狂风吹起，整座森林都激动起来，合奏出一首雄伟的乐曲，那声音充满力量，令人感受到大自然的威力"。教师点评指导。）

师：我们把这两句连起来读一读，看谁能读出区别来。

（多人朗读这段话，教师相机点评。）

○○○○○○○
赏 析

这篇课文语言优美，教学时朗读就显得特别重要，王老师指导朗读的方法很巧妙，他抓住关键词，联系学生的生活体验，取得了很好的朗读指导效果。两次朗读指导层层递进，第一次重在教朗读方法，而第二次则是朗读方法的迁移运用。

2.体会表达效果，背诵摘抄佳句

师：读了这么多遍了，说说你的感受，风这位音乐家怎么样？

生：风好像一个人，还有情绪呢！心情不同，演奏的琴声就不一样。

生：风是有情绪的，演奏的琴声是随着心情变化而变化的。

师：作者的描写多么生动啊！这样好的句子应该积累下来。读了这么多遍了，谁能背诵下来了？

（指名多人试着背诵，然后全班齐声背诵。）

师：好的句子不仅要背诵，还要摘抄下来。下面我们把这段话摘抄下来吧。谁先来提醒提醒大家，摘抄要注意什么？

生：摘抄句子时要注意开头空两格。

生：这次摘抄的是句子，刚才摘抄的是词语，所以要另翻一页来摘抄，做到分类摘抄。

生：摘抄时还要注明出处，这样以后再读时就知道当时是从哪里摘抄的了。

师：说得非常好，现在咱们就开始摘抄吧。

（学生进行句子的摘抄，教师巡视指导。）

○○○○○

赏　析

摘抄是本单元的语文要素之一，王老师落实语文要素非常扎实，而且能够做到层层推进。从摘抄词语到摘抄句子，在摘抄的实践中，学生对摘抄方法的掌握也越来越牢固了。

活动二：品味水的合奏

1. 引导创意朗读，感受合奏的热闹

师：同学们，刚刚我们欣赏了风的琴声，下面就让我们去品味品味水的合奏吧。请同学们自己读一读课文，看看你们都找到了哪些写声音的词语或者句子。

（学生默读思考，勾画相关的语句，教师巡视指导。）

师：大家都读完了，也勾画出了相关的语句，我们来交流交流吧。

生：我勾画的语句是："下雨的时候，他喜欢玩打击乐器。小雨滴敲敲打打，一场热闹的音乐会便开始了。滴滴答答……叮叮咚咚……"

师：读得正确、流利，不过，这几句话还可以读得更有创意。想想看，在这场热闹的音乐会上，音乐可是很丰富的，在水的合奏里，除了滴滴答答、叮叮咚咚，还可能有什么样的节奏呢？

生：滴答滴答，滴滴滴答答答，滴——答——滴——答。

生：叮咚叮咚，叮叮叮叮叮咚咚咚咚咚，叮咚叮咚叮叮咚。

师：是啊，多有意思的声音啊！谁能再读一读，有创意地读一读？

生：下雨的时候，他喜欢玩打击乐器。小雨滴敲敲打打，一场热闹的音乐会便开始了。滴滴答答，滴滴滴答答答，滴——答——滴——答，叮叮咚咚，叮咚叮咚叮叮咚……

师： 多么美妙的合奏啊！大家都按照自己想到的节奏读一读，去感受水的合奏吧！

（学生各自按照自己的方式有创造性地朗读，感受水的合奏的热闹。）

○ ○ ○ ○ ○ ○

赏 析

这部分创意朗读的设计确实很有创意，难怪学生读得有滋有味。表面上看起来，学生是各自按照自己的方式有创造性地进行朗读，实际上，学生还感受到了水在合奏时的热闹，同时，学生又进一步丰富了拟声词的积累，可谓一举多得。

2.发现表达方法，丰富言语经验

师： 我们继续交流，你们还勾画出了哪句话？

生： 我勾画的句子是："当小雨滴汇聚起来，他们便一起唱着歌：小溪淙淙，流向河流；河流潺潺，流向大海；大海哗哗，汹涌澎湃。从一首轻快的山中小曲，唱到波澜壮阔的海洋大合唱。"

师： 非常好，我们来聚焦后半部分，大家一起读一读。（课件出示）

小溪淙淙，流向河流；河流潺潺，流向大海；大海哗哗，汹涌澎湃。从一首轻快的山中小曲，唱到波澜壮阔的海洋大合唱。

（学生齐读）

师： 这段话写得多么生动啊，有那么多的声音：小溪——

生：（齐）淙淙。

师： 河流——

生：（齐）潺潺。

师： 大海——

生：（齐）哗哗。

师：这段话写得真好，我读小溪淙淙，你可以对——

生：（齐）河流潺潺、大海哗哗。

师：我读轻快的山中小曲，你可以对——

生：（齐）波澜壮阔的海洋大合唱。

师：作者的表达就是这样独特，我们再来读一读这段话，感受感受。

（学生齐读这段话）

师：同学们，这段话大家读了很多遍了，刚刚我们也发现了作者在表达上的一个小秘密了。请同学们再读读这段话，看看还有没有其他发现。

（学生默读，思考。）

生：我发现第一个句子结尾的词语，就是下一句开头的词语，前面是"流向河流"，后面开头就是"河流潺潺"，前面是"流向大海"，后面开头就是"大海哗哗"。

师：确实很有意思，像是接龙一样，很好玩。我们再读读这段话，感受感受这种表达方式吧。

（学生齐读这段话）

师：这段话语言精练，表达方式特别，很值得积累。读了这么多遍了，应该能背诵了吧？谁来试试？

（指名背诵后，学生齐声背诵。）

师：好的句子不仅要背诵，还应该怎么样？

生：摘抄下来。我觉得可以跟刚才摘抄的句子写到一起，它们都是句子，是一类的。

师：非常好，归类摘抄，很合理。大家开始摘抄吧，注意把咱们前面学到的方法用上。

（学生进行摘抄，教师巡视指导。）

师：大自然的声音可真美妙，作者的描写可真生动。这节课我们聆听了风和水带来的美妙乐曲，积累了不少好的词语，下节课我们去听听大自然的歌手是怎样唱歌的，看看作者是怎样生动地进行描写的。快要下课了，王老师留给大家一个作业：请同学们背诵第2~3自然段，同时进一步完善自己的摘抄，另外，大家还可以读一读叶圣陶先生的诗歌《瀑布》。这节课就上到这里，下课。

○○○○○○○
赏 析

  知其然，还要知其所以然。这段话表达工整，值得积累，王老师在教学时通过引读的方式，帮助学生在读中发现对仗的特点，发现前一句结尾的词语就是下一句开头的词语这一表达特点。当学生了解了表达秘密后，再进行积累就更容易了。

总评

  落实"新课标"，小学语文教师面临三个关键问题：一是在没有完全配套的语文学习任务群教材的情况下，如何用统编教材落实"新课标"；二是在"新课标"倡导的大单元教学理念下，单篇课文如何落实学习任务群；三是统编教材单元语文要素的有效落实与"新课标"语文学习任务群的践行如何做到统一。其中问题三是关键也是核心，解决了问题三，前两个问题也就迎刃而解了。林波老师执教的课例《大自然的声音》，聚焦此核心问题，作出了完美的示范。

一、双向对照，精准融合

  温儒敏教授虽多次指出，现行的统编教材是按照"新课标"的标准编写的，但在实际教学中我们发现，教科书的编写体例及组织形式与理想的、完全符合"新课标"语文学习任务群的课程内容、典型任务设计，还是有一些差距的。因此，温儒敏教授撰文如是说："其实现在我们使用的义务教育语文统编教材，小学高年级和初中都采用的是单元教学结构，各个单元都可能承担着'学习任务群'的其中某一项两项任务。我们要做的工作，就是研究教材的各个单元主要承担或者接近'学习任务群'之中的哪些'任务'，然后以这种'任务'来引领教学。"林波老师的教学实践研究正是这一倡导的典型范例，林波老师有突出的文体意识，根据各学习任务群的内容特点，对照统编教材单元的文体类型，确定该单元教学所归属的任务群，如三年级上册第三单元是童话单元，归属为"文学阅读与创意表达"学习任务群，三年级下册第二单元是寓言单元，归属为"思辨性阅读与表达"学习任务群，等等。林波老师的实践研究给我们的启示是：各语文学习任务群应该包括教材中的哪些单元，教材中的这一单元应该归属哪个语文学习任务群，要做双向对照，精准研判。据此，我们就可进一步明确童话、神话、小说、散文、现代诗单元均可归属为"文学阅读与创意表达"学习任务群，说明文单元、写景状物单元等可归属为"实用性阅读与交流"学习任务群等。不好用文体判定该单元应指向哪个学习任务群，就可依据单元语文要素确定任务群归属，如三年级上册第七单元的语文要素是"感受课文生动的语言，积累喜欢的语句"。本单元的教学重点是关注生动语言与语句积累，这正是"语言文字积累与梳理"学习任务群的具体要求。因此，双向对照，精准融合，我们就可科学、规范地确定该单元要落实哪个学习任务群，这是践行语文学习任务群的基础，这才是姿势正确地站在讲台上，用好统编教材落实"新课标"。

二、双重把握，精确目标

"新课标"颁布并实施后，语文学习任务群成为最热话题，也是专家、名师、一线教师重点研究并实践的内容。我们看到了诸多杂志选刊的学习任务群样例，尤其是一些自行研发的课例，设计得"高大上"，很多老师读过之后，总有困惑，课时本就紧张，用哪些课时教学呢？与教材脱节，语文要素如何落实呢？基础不牢，地动山摇。实施语文学习任务群教学，就该像林波老师这样扎扎实实地用好统编教材，本本分分地落实好单元语文要素。实施语文学习任务群教学，就要像林波老师作的示范这样,将语文要素的落实与语文学习任务群的实施双效合一,即用语文学习任务群落实单元语文要素,用单元语文要素设计语文学习任务群。林波老师是怎么做到双效合一的呢?透过林波老师的实践研究和示范课例看,他重点在两个方面着力。一是精确地把握教材特点和单元语文要素。三年级上册共八个单元,第一单元的语文要素是"阅读时,关注有新鲜感的词语和句子",第二单元的语文要素是"运用多种方法理解难懂的词语",第七单元的语文要素是"感受课文生动的语言,积累喜欢的语句",可见本册教材,词语教学是重要内容之一,引导学生针对词句的学习,要从关注到理解,再到积累和运用,这是中年级"从词学文"的实践路径。林波老师在《大自然的声音》一课中,紧紧抓住词语教学,设计学习任务。由猜拟声词激趣导入,然后分三组词语展开学习活动,第一组聚焦"拟声词",在读中积累;第二组聚焦带有多音字的词语,在语境中习得;第三组是在第二组词语的基础上扩充为短语,读出语气变化,在读中体悟意思和情感。最后,引导学生抓住语句"当小雨滴汇聚起来,他们便一起唱着歌:小溪淙淙,流向河流;河流潺潺,流向大海;大海哗哗,汹涌澎湃。从一首轻快的山中小曲,唱到波澜壮阔的海洋大合唱",对读、引读、导读词语,发现生动有趣的结构方式,作者表达的小秘密。林波老师并没有生硬地教学顶真的修辞方法,而是潜移默化地让学生发现表达方法,丰富言语经验。二是紧紧把握"语言文字积累与梳理"学习任务群的具体要求"诵读、积累与梳理,重在培养兴趣、语感和习惯。引导学生增强语言积累和梳理的意识,教给学生语言积累和梳理的方法,注重积累、梳理与运用相结合"。在本单元中积累的方法是摘抄,让学生摘抄"课文中生动的语言","交流平台"梳理总结了摘抄的方法。这也是统编教材第一次明确摘抄的学习任务。林波老师在教学中指导学生分类摘抄,摘抄拟声词,摘抄词串,摘抄佳句并标注出处。类别清晰明确,方法简单高效,扎实地落实了语文要素和"语言文字积累与梳理"学习任务群的教学目标。

三、双线进阶，精妙设计

什么样的语文学习任务群教学才是合格的？普通高中语文课标修订组负责人、北京师范大学教授王宁在访谈中这样说："我试着归纳以下两点：第一，学习任务群的本质是学生自主学习，是不是以学生为主体，有没有学生学习的真实情境，这是衡量学习任务群实施是否到位的首要标准。第二，教学必须符合语文课程的特质，也就是要做到语言文字运用，在任务驱动下把'阅读与鉴赏''表达与交流''梳理与探究'这三个语文活动综合起来，实现实践性、综合性。我想，这两点做到了，单个的学习任务群的基本精神就能够体现了。"我们看到林波老师执教的《大自然的声音》，以学生为主体，在任务驱动下，在真实的学习情境中，学习语言文字运用。双线并进，能力进阶，完全符合王宁教授这两条评价标准，体现了学习任务群的基本精神。

那林波老师是怎么做到的呢？林波老师巧妙地将课后习题转化为"学习任务"。《大自然的声音》课后一共有四个思考题。第一题"朗读课文，体会大自然声音的美妙。背诵第2~3自然段"，通过想象和朗读来理解和感悟语言，背诵段落是对语言的积累。第二题"填一填，再说一说课文写了大自然的哪些声音"则是培养学生的理解、概括能力。这一题是上一个单元语文要素"借助关键语句理解一段话的意思"的延承。第三题"读读下面描写声音的词语，再说说你在哪里听到过这样的声音"，调动学生的生活经验，展开想象，体会"生动的语言"。此题也是摘抄积累的主要内容。教学中林波老师设计了三个学习任务："任务一：听听音乐家的声音"，积累运用拟声词，学习分类摘抄；"任务二：填写音乐家的档案"，梳理关键信息，把握课文主要内容；"任务三：欣赏音乐家的作品"，品读生动语言，学习表达方法。三个进阶式的任务链，层层递进，精妙地将课后习题转化为"新课标"要求的"典型任务"，让学生在真实的学习情境中，进行言语实践活动，体验真实的学习过程，做到了温儒敏教授所说的"在任务驱动下，让学生在一定情境之中带着一定的任务进行伙伴式的学习、探究式的学习，获得自己知识的建构"。

落实"新课标"，我们倡导"稳"字当头、"准"字为要、"实"字为本，不跟风乱跑，不急于求成，不敬而远之，要吃透课程标准，用好统编教材，将单元语文要素与学习任务群落实精准融合、双效合一，脚踏实地培育学生的语文核心素养。

黑龙江教师发展学院　杨修宝（全国十大青年名师）

夯实词句的积累，表达美好的愿望
——《四个太阳》教学实录

执教者：王林波

任务一：交流愿望，回顾单元主题

活动一：紧扣单元主题，交流美好的愿望

师：同学们，在这个单元的学习过程中，我们一定感受到了愿望的美好。看看这幅图片，你想到了哪篇课文？（课件出示《吃水不忘挖井人》课文插图）

生：《吃水不忘挖井人》。

师：特别棒，声音响亮。还记得吗？这篇课文中毛主席有一个愿望，他的愿望是什么？

生：他的愿望是让乡亲们吃水更方便。

师：真好，你记得很清楚。再看这幅图片，你又想到了哪篇课文？（课件出示《我多想去看看》课文插图）

生：《我多想去看看》。

师：文中的小朋友有没有愿望？还记得他们的愿望是什么吗？

生：新疆的孩子想去北京看升旗仪式。

生：北京的孩子想去雪山上看洁白的雪莲。

师：是啊，每个人都会有自己的愿望，我们可以像这两篇课文一样，通过文字把愿望记录下来，还可以通过歌声来唱出自己的愿望，不信你们听——

（播放儿歌《种太阳》）

师：老师发现好多同学都会唱这首歌，还有的同学在跟着唱。大家有没有听出来歌曲中小朋友的愿望是什么？

生：种太阳。

师：这个愿望好特别呀！

○○○○○○○

赏 析

低年级阅读教学的起课，一定要特别关注学生的学习心理和学习情绪。如果学生还没被唤醒，就急着进入课文的教学，那就可能是老师认为自己教过了，而学生并不见得学到了。林波老师是懂儿童的，他紧紧围绕"愿望"，通过熟悉的课文和歌曲，唤起儿童学习的愿望。

活动二：结合图片思考，掌握生字的书写

师：同学们，你们看，这个字就是"阳"，谁来读一读？

（指名读）

师：非常好，谁会组一个词呢？

生：阳光、阳台、夕阳、朝阳。

师：同学们，大家仔细看一看这个字，它的右边是什么？

生：日。

师："日"其实就是太阳。（出示山间日出的图片）在这幅图上，你找到"日"了吗？

（学生上台指出图片中的"日"）

师：对，就是它，"日"表示的就是太阳。大家再来看"阳"的左边，

谁知道左边这个偏旁叫什么名字？

生：左耳旁，或者左耳刀。

师：你说得很对。大家看王老师来写一写这个左耳旁，注意先写横撇弯钩，再写竖。谁看出来了，这是一个什么竖？

生：垂露竖。

师：特别棒，这个竖在写的时候要注意顿笔。记住了吧，这个偏旁叫什么？

生：左耳旁。

师：是的。你有没有左边的耳朵？摸一下在哪里。但老师要告诉大家，今天我们学的左耳旁跟耳朵一点关系都没有。那它跟什么有关系呢？大家再来看这张图片，有没有同学发现，在图片中其实不仅可以看到日，还可以看到左耳旁？如果你还没有发现，我建议你把头歪过来看看，有人发现了吗？

（学生歪过头来看山间日出的图片）

生：山像左耳旁，那个竖就是地面，横撇弯钩就是那几个山峰。

师：是啊，太形象了！现在你一定知道了，原来左耳旁跟左耳朵确实没有关系，它和什么有关系呢？

生：和山有关系。

师：对啊，左耳旁在过去表示的意思就是土山，跟山有关系。我们再看这几个字，比如说"陡"就跟山有关。

生：我爬过山，山很陡。

师：是啊，"陡"和山是有关系的。再看这个"险"字，能说说和山的关系吗？

生："险"字也和山有关，很高很陡的山看起来很险。

师：现在，大家明白了，左耳旁跟什么有关？

生：左耳旁跟我们的耳朵没有关系，跟山有关，表示的就是土山。

师：下面，王老师要带着大家先来写这个"阳"字。写好了左耳旁，我们就要来写右边的"日"了。大家观察观察田字格中"日"的位置，你们有什么发现？

生：第一笔竖写在竖中线上。

生：横写在横中线上，右边不挨着横折。

生：左耳旁要高一些，右边的"日"低一些，要写得瘦长一些。

师：说得很对，跟老师一起来写这个"日"字。

（教师范写后，学生练习书写。教师巡视指导，相机点评。）

师：接下来，我们来写"太阳"的"太"字，这个字的笔画并不多，但是一定要注意点的位置。如果有同学不小心把点写到了右上角，那就变成了什么字？

生：犬。

师：是啊，如果把这个点忘写了，那就变成什么字了？

生：大。

师：所以我们写字前一定要看清楚。下面老师来写，同学们来书空。第一笔横向右上斜，撇和捺一定要舒展，点的位置很重要，同时注意由轻到重，左上尖，右下大，像是一粒小瓜子，这个字读作 tài。

（教师范写后，学生练习书写。教师巡视指导，相机点评。）

师：说到太阳，大家一定都见过。谁来告诉大家你见到的太阳是什么样的？

生：红红的太阳。

生：圆圆的太阳。

生：火红火红的太阳。

生：金黄色的太阳。

生：暖暖的太阳。

师：是呀，这就是我们所看到的太阳。那你们看到的是几个太阳？

生：一个。

师：对，我们只看到一个，不过今天我们要学习的课文有点特别，它的题目叫——

生：（齐）四个太阳。

（教师完成课题板书，学生齐读。）

○ ○ ○ ○ ○

赏　析

　　一个揭示课题的小环节，王老师把它做得非常充分。认识"阳"—给"阳"找朋友—探究左耳旁的秘密—梳理左耳旁的汉字—指导写好"阳"—积累关于太阳的词组。可谓一步一脚印，把识字写字、积累词语等有效地融为一体，做得非常扎实。

任务二：梳理愿望，把握课文大意

活动一：整体感知，了解四个太阳

师：下面请同学们自由读这篇课文，注意读准字音，读通句子。同时想一想，四个太阳分别是什么颜色的，是文中的小朋友画给谁的？

（学生自由读课文，思考问题。）

师：会读书的同学在阅读过程中一定认真思考了，而且一定会有自己的收获。说说看，课文中写到的四个太阳分别是什么颜色的？

生：绿绿的太阳。

生：金黄的太阳。

生：红红的太阳。

生：彩色的太阳。

师：现在我们知道了四个太阳是什么颜色的。谁可以用一句话告诉大家，这个小朋友画的四个太阳都是什么颜色的？

生：他画的四个太阳分别是绿绿的、金黄的、红红的和彩色的。

生：他画了绿绿的太阳、金黄的太阳、红红的太阳和彩色的太阳。

活动二：梳理关系，变化句式表达

师：通过刚刚的自由读课文，你一定知道了绿绿的太阳是送给谁的。

生：绿绿的太阳是给夏天的。

师：非常好！其他三个太阳是送给谁的？

生：金黄的太阳是给秋天的。

生：红红的太阳是给冬天的。

生：彩色的太阳是给春天的。

师：真好，每人说一句，我们都会说了。谁能把四个太阳连起来说一说？同桌之间可以先练习练习。

（同桌合作，练习说话。）

师：谁来试试？

生：我画了个绿绿的太阳送给夏天，我画了个金黄的太阳送给秋天，我画了个红红的太阳送给冬天，我画了个彩色的太阳送给春天。

师：掌声送给他，说得多清楚！下面我来指，你来说，怎么样？当我指到"彩色"时，你会怎么说？

生：我画了个彩色的太阳送给春天。

师：很好，还可以怎么说？

生：我送给春天一个彩色的太阳。

师：真好！你看，换个方式我们依然可以清楚地表达。下一个，红红的——

生：我画了个红红的太阳送给冬天。

师：换个说法，这个句子还可以说——

生：我给冬天画了个红红的太阳。

师：真不错。下面，我们请同桌两人合作着说一说"绿绿的""金黄的"太阳。注意，要用两种不同的句式来说同一种颜色的太阳。

生：我画了个绿绿的太阳送给夏天。

生：我给夏天画了一个绿绿的太阳。

生：我画了个金黄的太阳送给秋天。

生：我给秋天画了一个金黄的太阳。

师：太棒了，掌声送给他们。大家发现了吧？同一个意思，我们可以用不同的句式来表达。

赏 析

这一环节的设计，王老师通过变化引导学生提取信息、变换句式进行说话、整合信息感知课文主要内容等方法，不断促进学生阅读能力和表达能力的提升。

任务三：感受愿望，读中加深体会

活动一：拓展词语，进行创意朗读

师： 同学们，下面我们认读词语，大屏幕上有四个词语，会读的同学请举手！（课件出示）

高山　田野　街道　校园

（学生认读词语后进行领读）

师： 读得真好。同学们，"街道"的"道"你们见过吗？有没有同学会用"道"组一个词？

生： 通道。

生： 过道。

师： 说得非常好！我们再看最后一个词，一起来读。

生： 校园。

师： 是啊，我们现在就在校园里面，每天我们在校园里生活得都特别开心。这个"校"字的左边是什么旁？

生： 木字旁。

师： 王老师来写一写这个木字旁。谁发现这个木字旁跟"木"可不一样，有一个笔画变化特别大？

生： "木"最后一笔是捺，在这儿变成了点。

师： 说得真清楚，木字旁最后一笔捺变成了点。让我们再来看它的右边，是大家很熟悉的——

生：交，交通工具的"交"。

师：这个字读——

（学生齐读"校"）

师：除了学校，你还能给"校"组什么词？

生：校园。

生：校区。

生：校长。

师：很好。请同学们拿起笔来，我们在本子上写一写这个"校"字。轻轻拿出文具是好习惯，坐姿端正也是好习惯，看看你是不是都做到了。

（学生练写，教师巡视，及时提醒关键笔画和坐姿。）

师：现在请所有同学停下笔，看一看自己写的"校"，再对照黑板上的"校"，看一看自己写得怎么样。

师：同学们，刚才我们说的词叫校园，"园"字你们熟悉吗？有很多带"园"的地方，相信同学们立刻就想到了你们特别喜欢去的一个地方，这个地方就带有"园"字。你们看，有的同学一想到这个词就特别开心地笑了。

生：游乐园。

生：公园。

生：植物园。

师：说到植物园，跟它相对应的叫什么园呢？

生：动物园。

师：其实不止这些，还有吗？

生：花园。

师：你们猜猜种着好多果子的地方叫什么。

生：果园。

师：如果一个地方种的不是果子，种的是茶叶，那个地方叫什么园？

生：茶园。

师：这样的词还有好多好多，黑板上都快写不下了，我只能用省略号来代替了。让我们一起读一读吧。

（学生齐读词语）

师：同学们，咱们现在来看一看课文中第一段话，谁能读给大家听一听呢？（课件出示）

我画了个绿绿的太阳，挂在夏天的天空。高山、田野、街道、校园，到处一片清凉。

（指名读）

师：这位同学读得真好，我们先把掌声送给他。我相信这位同学在读的时候一定是在想象着画面的，读得特别好，咱们也来想象着画面读读这段话吧。

（学生齐读）

师：读得很好！大家想想看，到处一片清凉，高山清凉吗？田野、街道、校园呢？

生：都很清凉。

师：现在，大家明白"到处"的意思了吧？

生：就是四处，各个地方。

师：是啊，"到处"就是四处，可不只是指高山、田野、街道、校园。下面我们还读这段话，不过，王老师有一个小要求，这段话写到了高山、田野、街道、校园这四个地点，谁能把地点变成五个、六个，甚至更多？小秘密就在黑板上。（教师指板书中带"园"的词语）

生：我画了个绿绿的太阳，挂在夏天的天空。高山、田野、街道、校园、公园、花园、果园，到处一片清凉。

师：掌声送给他，真棒，立刻就学会了。这位同学说到了七个地方，谁还能试试？

生：我画了个绿绿的太阳，挂在夏天的天空。高山、田野、街道、校园、游乐园、公园、茶园、植物园、动物园、花园、果园，到处一片清凉。

师：听了他的朗读，你们一定深深地记住了"到处"的意思。王老师有一个更高的要求，课文中出现的高山、田野、街道、校园，一个都不用，都换成全新的词，可以吗？

生： 我画了个绿绿的太阳，挂在夏天的天空。游乐园、公园、植物园、动物园、花园、果园、茶园，到处一片清凉。

师： 掌声送给他们。真了不起，你们确实很会读书，而且读得特别好。

赏 析

大家都知道低年级要重视朗读，但落实到课堂上，往往显得机械，让学生一遍遍地练习，缺少可行的方法。王老师这一环节的创意朗读，给一线老师很好的启迪：先读好词语，再拓展相关词语，然后读好课文中的句子，最后把新拓展的词语运用到句子中。把识字、词语积累、朗读和语言运用有机整合起来，同时又有效地分解了朗读的难度，加深学生对"把绿绿的太阳送给夏天"这个美好愿望的理解。

活动二：学习字词，读好文中长句

师： 第1自然段同学们读得特别好！下面我们来读读第2自然段，这段话可不好读，尤其是第三句，很长。不过，我相信同学们一定也能读好，大家可以先来练习练习。（课件出示）

我画了个金黄的太阳，送给秋天。果园里，果子熟了。金黄的落叶忙着邀请小伙伴，请他们尝尝水果的香甜。

（学生自由练习朗读）

师： 我先请几位同学读一读这段话中前两个相对短的句子，看看大家读得怎么样。

（指名读）

师： 两个短句，大家读得真不错！第三句话特别长，要想读好长句子，我们得先读好句中的几个重点词，谁来试试？

（课件出示句子，标红"忙着""尝尝"，指名读词语。）

师：这位同学读得怎么样？

生：很好，"忙着""尝尝"最后一个字都是轻声，她读得很好。

师：是啊，我们一起读读这两个词。

（学生齐读词语）

师：这个长句子中还有两个词也不好读，谁来试试？

（课件出示句子，标红"邀请""香甜"，指名读词语。学生齐读词语。）

师：读得很正确。说到"甜"，我知道小朋友都很喜欢这个味道，很喜欢吃甜的东西。告诉大家，你喜欢吃哪些甜的东西？

生：巧克力。

生：冰激凌和蛋糕。

生：棒棒糖。

师：这些东西都是甜的，当时你是怎么知道它们是甜的呢？

生：用舌头尝出来。

师：大家发现"甜"字有什么特点？它的左边是什么？

生：舌字旁，我们尝出甜味靠的就是舌头。

师：对，这个字很特别，左边是舌字旁，因为甜的东西需要我们用舌头去尝。再看它的右边是什么字。

生：甘，意思就是甜。

师：这个"甜"字大家一定记住了，左边是尝味道的"舌"，右边是表示甜的"甘"字。这个字读作 tián。同学们，这几个重点词都会读了，现在王老师请几位同学来读一读这个长句子。

（指名读这个长句子）

师：表扬所有同学，读得很不错，长句子你们会读了。接下来，我们把这段话中的三句话连起来读一读。同桌先练习练习。

（同桌练习朗读后，教师指名读这段话。）

师：掌声送给他，真棒！这位同学不光读得好，还想着画面，甚至还加上了动作，真不错！谁也能带着动作来读一读这段话？

（一生上台朗读）

师：掌声送给他。哇，真是太厉害了！咱们一起读读这一段。

（师生齐读）

师：王老师要表扬所有同学，读得真好！学语文不光要会读，还要会写，比如说"金""秋"这两个字也是本课的生字。下面，先请同学们和老师一起来写一写"金"。注意上边的"人"一定要大一些，把底下盖住，接着我们写下面的部分，特别注意最后一笔横要写得长长的。这个字读作 jīn。

（教师范写"金"字）

师：现在请同学们拿出笔，我们在本子上写一写"金""秋"这两个生字。

（学生练写，教师巡视，及时提醒关键笔画和坐姿。）

师：同学们，这节课上，我们深深地记住了送给夏天的绿绿的太阳，送给秋天的金黄的太阳。那个红红的太阳，还有彩色的太阳到底是什么样的呢？下节课我们继续学习。最后，王老师给同学们留两个作业：第一，书写本课所学的生字，朗读课文；第二，请同学们想一想自己会为每个季节画什么颜色的太阳，试着画一画，并说明理由。

赏析

长句子的朗读，是低年级学生朗读的一个难点，王老师通过先"读这段话中前两个相对短的句子"，再"读好句中的几个重点词"和"不好读的词"，最后再个别练读长句子，一步一步，扎扎实实，把难点分解开，达到了很好的教学效果。

总评

林波老师的《四个太阳》第一课时教学，是低年级阅读教学课例中极为成功的一个，很好地体现了低年级阅读教学的特点。在如何凸显低年级阅读教学的重点、突破低年级阅读教学的难点上，对一线老师的阅读教学都有很大的帮助和启发。主要体现在以下三个方面：

一、在识字中阅读，在阅读中识字

识字写字是低年级阅读教学的一个重要内容。就"识字"来说，有多种方式方法。大家熟知的"集中识字""随文识字"等都是可行的，并没有绝对的优劣之分，关键看怎么组织。比如"集中识字"，归类呈现，让学生在梳理归类中发现汉字的规律，增进对一类汉字音形义的理解，是非常高效的。

这节课中，林波老师采用"随文识字"的方法，也非常出彩。他的汉字教学，真正做到了"在识字中阅读，在阅读中识字"，让汉字识记和语言理解互为作用，催生儿童的母语学习。如"甜"字的教学，林波老师让学生先读"香甜"一词，读正确后，有意识地引导学生借助自己的生活经验和字形特点来识记"甜"。林波老师表示自己知道小朋友都很喜欢"甜"这个味道，很喜欢吃甜的东西，让大家说说自己喜欢吃哪些甜的东西，学生兴致高昂：巧克力、冰激凌和蛋糕、棒棒糖等，把味觉唤醒了。这时，林波老师很智慧地问"这些东西都是甜的，当时你是怎么知道它们是甜的呢？"对呀，"甜"的味道，我们是怎么感知出来的？学生回忆起来是"用舌头尝出来"。把学生的注意力引回到对字形的关注上。于是，"甜"字的字形特点和字义之间，就建立起了紧密的联系：左边是尝味道的"舌"，右边是表示甜的"甘"字，这个字读作 tián。"香甜"的东西带给我们这么美妙的体验和感受，从而使学生理解"我"画个金黄的太阳送给秋天，是为了把"水果的香甜"送给大家，这是一个多么美好的愿望啊！

二、在朗读中积累，在积累中朗读

学生能识记汉字后，就要借助汉字大量积累词汇，以期用词汇连成句子，来表达自己的所思所感、所见所闻。所以，词汇量的多少往往关系着学生句子表达的准确度和清晰度。低年级阅读教学中，如何帮助学生有效积累词语，也是语文老师必须思考的一个重要课题。

林波老师这节课给我们作出了很好的示范。我们来看关于"园"字的教学片段。林波老师先直接用语言提示："同学们，刚才我们说的词叫校园，'园'字你们熟悉吗？有很多带'园'的地方，相信同学们立刻就想到了你们特别喜欢去的一个地方，这个地方就带有'园'字。"于是学生接二连三说出游乐园、公园、花园、果园等带有"园"的词语，尤其值得赞赏的是，当学生说出"植物园"时，教师马上引导"说到植物园，跟它相对应的叫什么园呢"，学生说"动物园"，由"植物园"联想到"动物园"，林波老师在有意识地发展学生的联结能力。等学生说出一连串带"园"的词语，林波老师随机板书后，看着黑板上的词，说："这样的词还有好多好多，黑板上都快写不下了，我只能用省略号来代替了。让我们一起读一读吧。"学生齐读词语后，教师又把学生带回课文，让他们读好课文第一段话。这样，就把识字、词语积累、流畅朗读等有机结合在一起了。

三、在表达中理解，在理解中表达

并非所有的学生有了一定的词汇量积累都能文从字顺地来表达。准确、清晰地表达是需要学习的。阅读教学中，借助课文内容和课文语言来学习，是很重要也很有效的方法。

本课的教学中，林波老师很多地方都智慧地把语言理解、语言图式的发现等和语言运用结合起来，有效地发展学生的语言表达能力，取得非常好的教学效果。

林波老师带着学生理解"到处"的意思，并借助由"到处"延伸出来的地点词汇，让学生学习表达。林波老师先借助课文中的"高山、田野、街道、校园"等词汇，让学生理解"到处"就是四处、各个地方。再指出"到处"可不只是指高山、田野、街道、校园，让学生再读文中的句子，要求借助上一个环节中积累的带"园"字的词语，把地点变成五个、六个，甚至更多。于是，学生的朗读就成了自我理解建构后的语句了："我画了个绿绿的太阳，挂在夏天的天空。高山、田野、街道、校园、公园、花园、果园，到处一片清凉。""我画了个绿绿的太阳，挂在夏天的天空。高山、田野、街道、校园、游乐园、公园、茶园、植物园、动物园、花园、果园，到处一片清凉。"最后，教师提出更高的要求——"课文中出现的高山、田野、街道、校园，一个都不用，都换成全新的词"，实现了借助课文语言图式来表达的教学目标。

总之，林波老师这节课，把低年级阅读教学中的字词教学夯得非常实，教学实施的过程极为灵动有趣。学生在语言学习的过程中，能走进文字，感同身受地去理解作者的那些美好愿望。

浙江省杭州市安吉路教育集团新天地实验学校　曹爱卫（特级教师、正高级教师）

设计挑战任务，发展思维能力
——《拍手歌》教学实录

执教者：曹爱卫

任务一：读准儿歌，语境理解识字

师：（板书"拍手歌"三字）小朋友们，你们知道拍手歌是一种怎样的儿歌吗？

生：一边拍手一边念的儿歌。

师：对！今天，我们就来学习一首拍手歌。怎么学呢？老师认为，学习像登山一样，当我们不断翻越一座座学习的山峰，就会掌握更多的知识和本领。今天这节课，就让我们走进动物世界，去翻越三座学习山峰，夺取三面红旗，每夺取一面红旗，就能增长一些知识和本领。有信心学好的小朋友请把小胸脯挺一挺。

（学生都自信地挺起小胸脯）

师：哇，看来大家都有信心！那我们先来看看，夺得第一面红旗要做些什么？（课件出示第一个学习任务）

自由读歌谣，争取读正确、读流畅。读完后给课文标上小节号。

师：知道怎么标小节号吗？

生：一个小节和一个小节之间会空一行。

师：对！知道了怎么标小节号，那就开始学习吧。

（学生自由读课文，标小节号。）

师：我们先来校对一下，你标了几个小节？

生：我标了十个小节。

师：和他标的一样的，请举手。（全班都举手了）真好，看来小节号的确都会标了。那课文是不是都能读正确、读流畅了呢？十个小节，老师挑几个难读的重点检查。第一个小节比较难读，谁敢来挑战？

生：你拍一，我拍一，动物世界很新奇。（语速较快）

师：嗯，音读对了，就是太着急了，像去赶火车，听着感觉气都快喘不上来了。（众生笑）我们可以放慢一点速度，把儿歌的节奏读出来。听老师读一遍。

（教师有节奏地示范读：你拍一，我拍一，动物世界很新奇。）

师：谁也能够有节奏地来读一读？

生：你拍一，我拍一，动物世界很新奇。

○○○○○○○

赏 析

  从学生的实际出发展开教学，这样的教学才会更有效。第一学段的学生好胜心强，于是曹老师设计了翻越三座学习山峰，夺取三面红旗的活动，学生的积极性一下子就被调动了起来；第一学段的学生朗读能力有限，当学生读得不够好时，曹老师不仅给出了指导，还进行了直观的示范，难怪学生在她的课堂上进步那么快！

师：把字音读准确了，而且读出了节奏，掌声送给他。（全班鼓掌）读准这一小节，其实不容易的。这一小节里有两个生字，谁会读这个词？（手举"世界"词卡）

生：世界。

师："世"翘舌音读得很准，一起读一遍。

生：（齐）世界。

师："世界"是指这个地方所有的、全部的东西。这个地方全部都是动物，就是动物——

生：世界。

师：这个地方都是植物，就是——

生：植物世界。

师：这个地方都是人，那就是——

生：人类世界。

师：看来真的懂了。来，再读一读这个词——

生：世界。

师：老师把它请到黑板上。（板贴"世界"词卡）好，第三小节谁会读？（大部分同学都举手了，只有几个孩子没举手，于是提问没举手的孩子）会吗？

生：嗯。

师：勇敢一点。

生：你拍三，我拍三，雄鹰飞翔云彩间。（"彩"读成了第三声）

师：有一个词稍微注意点，"云彩"的"彩"是第三声还是轻声？对，是轻声。"云彩"，一起读。（师生共读两遍）还有一个词也很难读准的。（手举"飞翔"词卡，学生读）仔细看看，这个"翔"字左边是个——

生：羊。

师：右边是个——

生：羽。

师："飞翔"的"翔"和"羊"读音很接近，所以"羊"在告诉我们这个字的读音。"飞翔"要靠什么？

生：羽毛。

师：要靠有羽毛的翅膀，所以它右边是个"羽"字，这是一个形声字。

来，做一做飞翔的动作，读一读"飞翔"这个词。（生读）

师：老师也把它请到黑板上。第三小节看来真的不太容易读正确，我们一起再来读一遍。

生：你拍三，我拍三，雄鹰飞翔云彩间。

师：很好。（课件展示第五小节）这一小节也很难的。小姑娘你来读。

生：你拍五，我拍五，丛林深处有猛虎。

师：读得真好。"丛"这个字是个平舌音，她读得很清楚。（放大"丛"字）你们看，"丛"字上面是两个人站在一起，表示聚集在一起。树林和树林聚集在一起就叫——

生：丛林。

师：（手举"丛林"词卡）一起读，丛林。那么，很多花聚集在一起，叫什么丛？

生：（声音较轻）花丛。

师：对，声音响亮点就更好了。很多花聚集在一起就叫"花丛"。很多草聚集在一起叫——

生：草丛。

师：不错！再来一个，很多人聚集在一起叫——

生：人丛。

师：对极了！来，我们一起把这三个词读一读，注意"丛"是平舌音。

生：花丛、草丛、人丛。

师：这一小节里还有一个生字（课件出示"深"），谁会读？

（一男生站起来读）

师："深"是个翘舌音，读得很准确。看看"深"的偏旁，你猜"深"和什么有关。

生：水。

师：对呀，我们平时说水很深很深。一年级的时候，我们在语文园地"日积月累"里读过李白的《赠汪伦》，里面有一句诗叫——

生：桃花潭水深千尺。

师：诗里是讲桃花潭的水很深，课文里是讲丛林的深处。来读一读这个词。

（教师出示词卡"深处"，学生齐读。）

师："深处"就是丛林很里面的地方。这一小节里有好几个生字。我们再来读一遍。

生：你拍五，我拍五，丛林深处有猛虎。

师：第六小节，谁来？再不抓紧，就没机会了。这个小朋友手举得直直的，你来读。

生：你拍六，我拍六，黄鹂百灵唱不休。

师：不错，这里也有个生字。(课件出示"休"，学生齐读)仔细看看这个"休"，左边是个单人旁，右边是个木，你仿佛看到了什么？

生：我仿佛看到了一个人坐在一棵树下休息。

师：你真厉害，"休"古代造字的时候，就是这个意思呢！（手举"不休"词卡）那么"不休"就是——

生：不休息。

师：唱不休就是唱个——

生：不休息。

师：（忍不住笑了）意思懂了，说的不是很准确。这里的"不休"是指唱个不停，一直唱下去都不休息。再来读一读这个词。

生：（齐）不休。

（教师把"不休"词卡贴到黑板上）

师：真好！那我们把这些词一起来读一读。

生：（齐）世界、飞翔、丛林、深处、不休。

师：词语都会读了。同桌两个一起读一读《拍手歌》，会读了，就表示可以拿到第一面红旗，在《拍手歌》课题旁画上第一面红旗。

○○○○○○○
赏 析

　　曹老师很擅长识字教学，她的教学方法灵活多样，效果非常好。教学"世界""丛"，她创设语言情境，引导学生适度拓展，学生不仅认识了生字，理解了意思，还丰富了词语积累；教学"翔"字，她利用形声字的特点，很快就帮助学生读准了字音，记住了字形，同时，让学生做做飞翔的动作，帮助学生理解了意思；教学"深"字，她引导学生链接学过的诗句，在语境中认读，在读准字音的同时还丰富了学生的语言积累。

任务二：借助名称，形意结合识字

师：通过努力，我们完成了第一个任务，得到了第一面小红旗。那第二个任务是什么呢？（课件出示第二个学习任务）

轻声读儿歌，边读边圈出小动物名称的词语。

（学生自由轻读课文，圈画动物名称的词语。）

师：圈好的小朋友把笔放下。谁来说一说，你圈了哪些小动物？

生：我圈了"孔雀""锦鸡""雄鹰""雁群""猛虎""黄鹂""百灵""熊猫"。

师：很好，老师把它们请到了屏幕上，来，我们来读一读。

（课件呈现八个词语，全班齐读这八种动物名称。）

　　kǒng què　　jǐn jī　　xióng yīng　　yàn qún
　　孔　雀　　锦　鸡　　雄　鹰　　雁　群
　　měng hǔ　　huáng lí　　bǎi líng　　xióng māo
　　猛　虎　　黄　鹂　　百　灵　　熊　猫

师：我们再来仔细看第一排动物的名称。这里面有五个生字，其中有四个生字很特别。（课件圈出"雀""雄""鹰""雁"）你发现这四个生字中，有哪个共同的部件？

生：我发现这四个生字里面都有一个很像"主"，但比"主"多了一横的部件。

师：我知道你指的是这个部件（把四个生字中的"隹"变红），这个部件读"隹"。一起跟老师读"隹"。（师生齐读"隹"）谁来猜一猜，"隹"在古时候指的是什么？

生：应该是天上飞的一种动物。

师：她猜得对不对呢？老师把这个"隹"字按照汉字的演变过程一步一步倒推回去。

（课件展示"隹"的倒推演变过程）

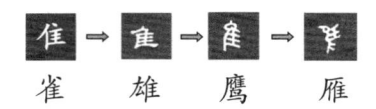

雀　雄　鹰　雁

师：现在你发现了，最早的"隹"字像什么？

生：鸟。

师：对，"隹"就是鸟。看这个"雀"字，上面是个"小"，下面是个"隹"。你猜猜，"雀"的意思是一种怎么样的鸟？

生：是小小的鸟。

师：对，小小的鸟就叫——雀。那我们再来看"雄"字，"雄"左边这个叫"厷"，这个字和"公鸡"的"公"读音一样，意思也接近。右边是个"鸟"，那"雄"指的就是——

生：男的一种鸟。

（师生大笑）

师：哈哈，对，男的鸟也就是公的鸟，就叫"雄"。那女的鸟，也就是母的鸟，就是——

生：雌。

师：对了，就叫"雌"。"雌"左边是个"此"，右边也是个"隹"。你看汉字就这么好玩。

师："鹰"和"雁"，老师要来看看谁的眼睛尖，谁最会发现。

（课件展示"鹰"和"雁"的古体字）

师：我这里有两个古时候的字，你猜一猜哪个是"雁"，哪个是"鹰"。

生：我觉得第一个是"雁"。

师：为什么？

生：因为第一个笔画很少，所以是"雁"。

师：哦，她是看笔画来猜的。有没有谁不是看笔画，而是看字形，结合雁和鹰的主要特点来猜的？

生：我觉得第一个是"雁"，因为它里面是个"鸟"。

师：那"鹰"里面也有个"鸟"啊，关键的地方没说出来。你看看"雁"这个头是什么？大雁最喜欢排成一个——

生：人。

师：对，大雁很喜欢排成"人"字飞翔，所以第一个字是"雁"。那老鹰最厉害的是什么？

生：爪子。

师：对，所以第二个凸显出爪子的字就是"鹰"。四个字都认识了以后，一起读一读。

生：雀、雄、鹰、雁。

赏 析

识字教学不能只是老师在教，还要引导学生对生字进行观察、分析和整理，从而发现汉字的构字组词特点。曹老师将"雀""雄""鹰""雁"四个生字放在一起教，因为这几个生字很有特点，在她的引导下，学生不仅发现了它们的共同部件"隹"，还理解了"隹"的意思。在引导学生理解这几个字的意思时，她的方法多样，无论是借助偏旁，还是运用字理识字的方法，都恰到好处，效果很好。

师：不错，那还有几个生字是藏在这三个词语里面的，我们一起读。

生：（齐）锦鸡、猛虎、百灵。

师：锦鸡是什么样的，你们见过吗？老师今天带来了锦鸡的照片（课件展示"锦鸡"图片），漂亮吧？

生：漂亮！

师：对啊，锦鸡最大的特点就是它的羽毛色彩非常鲜明华丽。所以，羽毛色彩鲜明华丽的鸡就叫锦鸡。"锦"就是色彩鲜明华丽。好，要请你动脑子啦，色彩鲜明华丽的衣服用一个词来说就是——

生：锦衣。

师：聪明！色彩鲜明华丽的云朵就叫——

生：锦云。

师：怎么这么厉害呢？最后一个，色彩鲜明华丽的旗子就叫——

生：锦旗。

师：对了，读一读这三个词。

生：锦衣、锦云、锦旗。

师：（手举"锦鸡"词卡）读这个词。

生：锦鸡。

师：还有一个词"猛虎"，你仔细看看"猛"是个什么偏旁，说明和什么有关？

生：反犬旁，说明和兽类有关，右边是个"孟"，它是个形声字。

师：真了不起！猛虎下山的动作，你会怎么做？

（师生配上"嗷呜"声，共同做猛虎下山的动作。）

师：猛虎就是很厉害的老虎。所以，这个词怎么读？

生：（较弱较慢）猛虎。

师：不像猛虎，像绵羊。（众生笑）"猛虎"要读出力量。

（教师示范读两次，学生跟读两次，力量感明显提升。）

师：对，猛虎很有力量，很凶猛。跟它相反的却是——

生：百灵。

师： 百灵很小巧，唱歌很动听，读——

生：（齐读，轻柔优美）百灵。

师： 真好！读出了和"猛虎"不一样的力量感。再读一遍。

生：（前重后轻）猛虎、百灵。

师： 这八个表示动物名称的词都会读了吗？同桌两个一起读，如果同桌还不会，帮帮他。

（同桌互读八个动物词语）

师： 真的会读了？我打乱顺序看看大家是否真的会读了。

（随机出示八个动物名称的词卡，学生认读。读对了，教师将词卡板贴在黑板上。）

师： 真的会读了。发现没有，刚才的词卡老师是随手贴在黑板上的？请你动动脑子，把这八种动物分分类，你会怎么分？你说，我移。

生： 我觉得是把"雁群""黄鹂""百灵""锦鸡""雄鹰"这几个鸟类分在一起，兽类的排在一起。

师： 兽类是哪两个？

生： 兽类是"熊猫"和"猛虎"。

师： 同意的举手。他这种划分方法我很赞同，你们也都同意对不对？真能干！（将鸟类板贴移至上排，兽类移至下排。）

师： 不错！看来第二面红旗也可以拿到了，赶快在课题边画上红旗。

赏 析

"新课标"指出："识字与写字教学应结合学生的生活经验，采用形象直观的教学手段，创设丰富多彩的学习情境"。曹老师的识字教学非常好地体现了这一理念。教学"锦"字时，她借用了图片，让学生明白了"锦"就是色彩鲜明华丽，同时，她还引导学生联系生活经验，拓展了"锦衣""锦云""锦旗"等词语。教学"猛"字时，她配上"嗷呜"声，引导学生共同做猛虎下山的动作，这样形象生动的方法能够让学生的记忆更加深刻。

任务三：创意颁奖，感受新奇之处

师：山越爬越高，第三面红旗没有那么容易拿了。要拿到第三面红旗，必须先读懂第一小节，我们先来读一读。

生：你拍一，我拍一，动物世界很新奇。

（师生共同拍手读）

师：什么叫"新奇"？

生："新奇"的"新"就是很新鲜，以前没有见过；"奇"就是很奇怪，很神奇。

师：他把词语拆成字来理解，"新"就是很新鲜，"奇"就是很奇怪、很神奇。"新奇"就是以前都没见过，很新鲜，很奇特。这种理解词语的方法太棒了！

师：文章说"动物世界很新奇"。那动物世界到底新奇在哪里呢？谁读懂了，就可以得到第三面红旗。夺取第三面红旗，我们分两步，第一步是——（课件出示第三个学习任务的第一个小任务）

同桌一起读第二小节，读完以后讨论：孔雀、锦鸡新奇在哪里？如果给孔雀、锦鸡颁奖，该颁什么奖？

（同桌互读，互说。）

师：哪一对同桌来读一读，说一说？

生：（同桌齐读）你拍二，我拍二，孔雀锦鸡是伙伴。

师：如果给它们颁奖，你们会给它们颁什么奖？

生：我觉得锦鸡和孔雀都有很漂亮的外表。

师：它们俩羽毛都很漂亮，用我们刚才学过的书上的一个词——

生：锦衣奖。

师：你看，学过的词就能用上，多好！它们俩衣服都非常漂亮，我们就可以给它们颁——

生：锦衣奖！

> ○○○○○
> ### 赏 析
> 　　颁奖这个创意很好，很新奇，能够激发学生的学习积极性。细细品味，我们会发现，曹老师的颁奖环节并不是一个靓丽的外壳，这一环节是有着丰富的内涵的。要颁奖，学生是要了解这种动物的，只有发现了动物的特点，才能颁发合适的奖项。了解了动物，才会产生爱护动物、保护动物的意识。同时，所颁发的奖项名称是包含着生字的，是学过的词语，一方面帮助学生巩固了生字，另一方面也让学生养成了积累语言、运用语言的习惯。

师：其他动物又该给它们颁什么奖呢？（课件出示第三个学习任务的第二个小任务）

请同桌一起再读第三至七小节，讨论：其他动物新奇在哪里？如果给它们颁奖，又该颁什么奖？

（同桌共读，讨论。）

师：哪对同桌选一个小节一起读一读，说一说你们给谁颁了什么奖。

生：（同桌齐读）我们读第三小节："你拍三，我拍三，雄鹰飞翔云彩间。"

师：好的，那你们给雄鹰颁了什么奖？

生：飞翔奖。

师：为什么你们给雄鹰颁的是"飞翔奖"？

生：因为雄鹰飞得很快。

师：雄鹰飞得快，且飞得高，所以可以给它颁"飞翔奖"或者"高飞奖"。好，有道理！还有谁给其他动物颁奖了？

生：（同桌齐读）你拍四，我拍四，天空雁群会写字。

师：颁什么奖？

生：写字奖。

生：我给大雁颁"书写奖"，因为它们很会写字。

师：（课件展示雁群飞行图）看一看，雁群写了个"人"字，雁群写了

个"一"字,难怪我们一年级学过的《秋天》里有这么一句话,读一读。(课件出示)

一群大雁往南飞,一会儿排成个"人"字,一会儿排成个"一"字。

(学生齐读)

师:所以给大雁颁发"书写奖""写字奖"都很合适。

生:(同桌齐读)你拍六,我拍六,黄鹂百灵唱不休。

师:给它们颁什么奖?

生:歌唱奖。

师:还有"猛虎"和"熊猫"两个动物,再不抓紧就没有喽。你们选哪一个?

生:猛虎。(同桌齐读)"你拍五,我拍五,丛林深处有猛虎。"

师:颁什么奖?

(学生思考)

师:没给老虎颁奖,老虎要伤心了。(众生笑)

生:勇敢奖。

师:对,老虎非常勇猛,"勇敢奖"或者"勇猛奖"都可以。读出这种勇猛,拍着手一起。

生:(齐读)你拍五,我拍五,丛林深处有猛虎。

师:最后一个动物,哪一对同桌来?

生:(同桌齐读)你拍七,我拍七,竹林熊猫在嬉戏。

师:很好。颁什么奖?

生:颁"可爱奖"。熊猫是最可爱的,是我们的国宝。

师:真好,奖颁完了。那你们把第二至七小节连在一起,拍着手读一遍。能不能读好?

生:(自信大声回答)能!

(学生边拍手边读第二至七小节)

师:第三面红旗可以得到了吗?

生：（开心地）可以！

师：那就赶快画上去吧！

赏 析

如果说给锦鸡和孔雀颁发"锦衣奖"是方法的示范，是教师在教，那么，给雄鹰、雁群、黄鹂、百灵、老虎、熊猫颁奖就是学生在学，是方法的运用。教、扶、放相结合，培养的是学生的自主学习能力。颁奖完毕，学生的第三面红旗也就得到了，曹老师借助夺取三面红旗的游戏形式，帮助学生在不知不觉中增长了知识，提升了本领。

任务四：观察比较，写好同结构汉字

师：小朋友们，今天我们越过了三座学习的小山坡，拿到三面红旗，我们都很开心。最后还有一个小任务——学写四个汉字。（课件展示本节课十个生字）你们仔细看，有哪些生字和"歌"一样是左右结构的？

生：还有"深""猫""朋"。

师：很好，这四个生字是左右结构的。老师根据结构给它们加上了不同的阴影小方块，请你仔细观察，"歌"左右两个方块大小怎么样？

生：左右等宽。

师：他观察到了，左右等宽，一加竖线就更清楚地看出来了。那另外三个生字呢？

生：左窄右宽。

师：对，这三个字是左窄右宽。并且这些生字里面都有一个笔画撇。你发现没有，"歌"的"欠"下面一撇要写到左边"哥"竖钩的这个钩处。

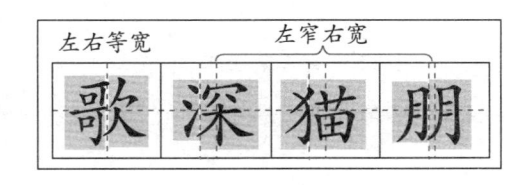

```
| 左右等宽 |    左窄右宽    |
|   歌    |  深  猫  朋   |
```

师：好，看曹老师写"歌"字。"歌"左边是个"哥"，先是一个小小的"可"，注意横画等距；接下来又是一个"可"，上小下大。右边是个"欠"，一撇要穿插过去，捺要伸出脚来。好，小朋友拿出笔，在课本上面描一个"歌"，写一个"歌"。

（教师巡视，提醒几位横画之间距离不一的同学要注意横画等距，展示点评。）

师：再来看第二个字"深"。"深"左边三点水要写得小一点，右边下面的"木"字的撇要穿插到点的下面。

（学生练写，教师巡视，个别指导，展示点评。）

师：其他两个左右结构的字，小朋友能自己写吗？

（学生迁移练写其他两个左右结构的生字，教师巡视，个别指导。）

师：小朋友们，今天这节课，我们感受了动物世界的奇妙。那为什么说"保护动物是大事"呢？我们下节课再来学习讨论，今天这节课先上到这里。下课！

赏析

曹老师的课堂教学效率很高，无论是识字教学，还是写字教学，她都善于分组归类进行，总能发挥学生的主体性，引导学生比较、辨析、梳理、发现。指导学生进行生字的书写，她指导得非常细致，细到笔画如何穿插，她也可以粗放到不教，让学生自主练习。这就是所谓的"授人以鱼，不如授人以渔"。

总评

没能现场聆听曹爱卫老师的这节《拍手歌》，我遗憾了好久。不过，有幸抢先阅读这一课的教学实录，依然是件幸福的事情。打开这篇教学实录，我一口气读了五六遍。真好！这才是第一学段语文课该有的样子，这才是识字单元的语文课该有的样子！

富有童真童趣，是小学阶段语文课应有的追求。《让孩子爱上读写》是曹老师出版过的一本专著，从书名中就能看出来曹老师的教学追求，那就是让孩子热爱，热爱读写，热爱课堂，热爱语文。热爱，一定源于兴趣，源于好玩，源于童真童趣。曹老师的这节课充满了童真童趣，也充满了欢声笑语。

原本，识字课的教学可能是枯燥的，但是，曹老师有着有趣的灵魂，她用一颗童心思考，将语文学习变成了一次奇妙的翻越山峰的经历。她带着学生走进了动物世界，去翻越三座学习山峰，夺取三面红旗。原本就争强好胜的二年级学生的学习积极性一下子就被调动起来了，在一次次地翻越山峰的过程中，学生夺取了胜利的红旗，获取了知识，也获得了成就感。

在识字教学的过程中，曹老师一会儿引导学生做飞翔的动作，一会儿又配上"嗷呜"声，和学生共同做猛虎下山的动作，这样的课堂多好玩！不仅如此，曹老师还设计了极具创意的为动物颁奖的环节，将了解动物，发现它们的特点，培养学生爱护并保护动物的意识融合在了好玩的活动中，难怪学生会一直乐在其中呢！

重视识字与写字，是第一学段语文课应有的样子。我们都知道，识字与写字是阅读和写作的基础，是第一学段的教学重点，也是贯穿整个义务教育阶段的重要教学内容。但往往，我们只是记住了这样的课程标准理念，却没有把它落实到课堂上，因此，我们常常会发现第一学段的语文课教学，与第二、三学段的语文课并没有什么区别，语文课的年段特点没有得到体现。曹老师的课不同，她对识字与写字的重视，让我们欣喜地看到了第一学段语文课应有的样子。

重视识字与写字，更要讲究识字与写字的方法。"新课标"在"语言文字积累与梳理"这一学习任务群中指出，语文课的教学，要引导学生"通过观察、分析、整理，发现汉字的构字组词特点，掌握语言文字运用规范，感受汉字的文化内涵，奠定语文基础"。曹老师对这一学习任务群的解读是精准的，领会是深刻的，因此，她的教学设计是独特的、精妙的。我们看到，无论是认识生字"雀""雄""鹰""雁"，还是书写生字"歌""深""猫""朋"，她都没有简单地去教，而是引导学生去观察、辨析、梳理，从而有所发现。当学生发现了构字的规律、书写的方法后，就能灵活运用，举一反三了。

这节课上，曹老师运用的识字方法是多样的，也是恰当的。因此，她的识字教学非常有效。我们看到，曹老师不仅在引导学生识字与写字，还非常重视语言的积累与运用。学习"深"字，她引导学生背诵学过的诗句，学习"世界""丛"等字时，她创设语境，引导学生进行适度的拓展。曹老师如此关注语言文字积累与梳理，她的课自然充满着浓浓的语文味道，学生的语文素养自然会得到有效的提升。

第一学段的语文课，就应该有小孩子想要的童真童趣，就应该有语文课该有的语文的味道。让学生扎扎实实地识字与写字，快快乐乐地学习语文吧！

王林波

第三辑

"实用性阅读与交流"学习任务群的课堂教学

梳理信息，揭示花钟背后的秘密
——《花钟》教学实录

执教者：王林波

任务一：梳理信息，认识花钟表示的时间

活动一：链接生活，初识花钟

师：同学们，现在是早上第三节课，这节课几点上，你们知道吗？

生：十点二十。

师：看时间，得用到钟表。大家会认钟表吗？

生：会。

师：教室后面就有钟表，回过头看一下，几点了？

生：十点二十。

师：看来，带数字的钟表大家都会认。同学们，屏幕上的这块钟表上面没有数字，谁还会认？看看这是几点钟。

生：差不多十点十分。

师：特别棒！下面这个钟表现在是几点钟？

生：一点五十多。

师：看来大家的数学学得特别好，有数字和没有数字的钟表都会认，值

得表扬！下面的这个钟表有些特别，你们还会认吗？现在时针指向的是万寿菊，此刻万寿菊开放了，根据你的经验，会是几点钟呢？

生：大概是六点二十。

师：我们再看看这个钟表，同样是万寿菊开放，这会是几点钟呢？

生：这个是三点。

师：一种花开放的时间往往是一样的，看来这两个钟表中一定有一个是有问题的，到底哪个才是正确的呢？今天，就让我们一起去探秘花钟背后的奥秘，我们来学习这篇课文《花钟》。

（教师板书课题后，学生齐读课题。）

赏 析

语文课程的综合性决定了语文学习并不只是静态地掌握语文知识，而是在有效联结学生生活经验的基础上培养其国家通用语言文字运用的能力。这一设计从引导学生认识生活中的钟表自然过渡到对花钟秘密的探寻，通过"两个钟表，到底哪个是正确的"这一问题，唤起学生的学习期待，让学生觉得语文学习面向的是鲜活的生活，有助于学生打开视野，从事物的联系中更全面、更深刻地理解语言文字的丰富内涵，从而激发起学习语言文字的热情和探索语言文字奥秘的好奇心。

活动二：梳理信息，了解花钟

师：下面请同学们自由读课文，注意读准字音，读通句子，同时梳理花名、开放时间等信息，尝试着认识花钟。梳理信息，大家可以用勾画标注的方法，在课文中把你们所看到的花名先圈出来，再用另外一种颜色或者形状把开放的时间圈画出来。大家还可以用列表格的方式梳理信息，王老师为大家准备好了表格，大家可以在读课文的过程中找出相关信息，填写到表格中。现在，大家开始自己读课文，从两种方法中选一种开始梳理信息。

序号	花名	时间
1	牵牛花	
2	蔷薇	
3	睡莲	
4	午时花	
5	万寿菊	
6	紫茉莉	
7	月光花	
8	夜来香	
9	昙花	

（学生自读课文，梳理信息，教师巡视指导。）

师：我要表扬坐姿端正的同学，无论是读书还是书写，正确的姿势都很重要。大家看，我身边的这位同学就特别会学习，他在填写表格、记录信息的时候，用到了数学中的数字，因此，填写表格的效率就特别高，这个方法大家可以参考。

（学生继续读书，勾画，填写表格，完善信息，教师巡视指导。）

师：大家完成了信息的梳理，下面我们来交流交流。大家看，这是——

生：牵牛花。

师：看到牵牛花开了，你一下子就知道了一个时间——

生：凌晨四点。

师：真好，读了课文，我们获取了有效的信息，效果多明显！这个呢？

生：这是蔷薇，看到蔷薇开了，我就知道是五点了。

师：这个呢？

生：这是紫茉莉，紫茉莉开花了，说明是下午五点了。

师：大家看，这是——

生：万寿菊。万寿菊开花的时间是下午三点。

师：同学们，获取有效的信息了，现在我们再来看看刚刚的那两个很特别的钟表，到底哪个钟表的时间才是正确的呢？

生：现在我知道了，万寿菊是下午三点开花，正确的是右边的花钟。

师：非常好，看来，阅读这类文章，我们一定要学会获取有效的信息。获取了有效的信息，我们看到花的图片，就能说出相应的时间。那如果我出示时间，大家能说出相应开放的是哪种花吗？早晨七点——

生：早晨七点，睡莲开了。

师：晚上七点——

生：晚上七点，月光花开了。

师：晚上八点——

生：晚上八点，夜来香开了。

师：晚上九点——

生：晚上九点，昙花开了。

师：非常好，大家在阅读的过程中，获取的信息还真不少呢！刚刚四种花的开放，谁能连起来说一说？

生：早上七点，睡莲开了；晚上七点，月光花开了；晚上八点，夜来香开了；晚上九点，昙花开了。

师：真好，特别清楚，掌声送给他。

赏 析

这一设计引导学生学会通过"观察、分析、整理"来掌握语言文字运用的规范，扎扎实实地为学生奠定语文基础。教师教学生"得法"——勾画标注、列表格，同时"得意"——各种花开放的不同时间、不同时间开放的各种花。在梳理信息的过程中，学生积累语言材料、语言经验，并回应前面的问题——到底哪个时钟是正确的，体现了教学的连贯性。在此基础上，教师引导学生把四种花开放的时间连起来说一说，加强了阅读的整体性，指导学生学用结合、知行合一，做到随时学、随时用。

任务二：落实语用，丰富语言表达的经验

活动一：品读比较，发现表达方法

师：刚刚，我们说的是几点钟什么花开了，课文可不这么写，课文中的表达很有特点，大家自己读一读这段话，看看有什么发现。（课件出示）

凌晨四点，牵牛花吹起了紫色的小喇叭；五点左右，艳丽的蔷薇绽开了笑脸；七点，睡莲从梦中醒来；中午十二点左右，午时花开花了；下午三点，万寿菊欣然怒放；五点，紫茉莉苏醒过来；月光花在七点左右舒展开自己的花瓣；夜来香在晚上八点开花；昙花却在九点左右含笑一现……

（学生自读这段话，思考。）

师：下面我们合作着读读这段话，王老师读时间，你们读其余的内容。

（师生合作读这段话）

师：大家读得真不错！你们看，作者写花开跟我们刚才说的可不太一样，他的方法很值得我们学习。同学们，留意一下时间词所在的位置，你们有什么发现？

生：有的时候时间词在前面，有的时候时间词在中间。

师：非常好。前面几句话的时间词在句首，而后面三句话的时间词却在中间，有变化，表达才有魅力。我们来试试，看看能不能把后三句话的时间词放到前面。谁来试试？

生：七点左右，月光花舒展开自己的花瓣。

生：晚上八点，夜来香开花了。

生：九点左右，昙花却在含笑一现。

师：这句话中的两个字可以去掉，句子会更通顺，你试试。

生：九点左右，昙花含笑一现。

师：非常好！同学们，你们再仔细读读这段话，特别关注作者写牵牛花、蔷薇、睡莲、紫茉莉、昙花的句子，看看作者的表达有没有值得我们学

习的地方。

（学生默读句子，思考。）

生：作者用了拟人手法，把这些花当作人来写了。

师：是啊，所以你会发现这里写到的有些动作是非常熟悉的，你也做过这些动作，比如——

生：绽开笑脸、醒来。

师：你看，作者这样写，文章就很生动。下面这几句话没有使用拟人手法，你能不能选择一句，试试用上拟人手法来进行表达？（课件出示）

中午十二点左右，午时花开花了。

月光花在七点左右舒展开自己的花瓣。

夜来香在晚上八点开花。

（学生思考）

师：谁能选一句，也用一下拟人手法来表达？

生：中午十二点左右，午时花绽开了灿烂的笑容。

师：他想象的画面真美，说得非常好。

生：夜来香在晚上八点伸了伸懒腰，睁开了眼睛，开始欣赏美丽的夜色。

师：说得很好，掌声送给他们。运用拟人手法，可以让表达更生动，但作者并没有把所有的句子都用上拟人手法，因为有变化读起来才感觉更好。同学们，我们再来读读课文中的这段话，感受感受作者表达的魅力。

（学生再读体会）

赏 析

语文知识教学必得以语言实践作为基础，才会有根基与活力。这一设计引导学生自主发现语言文字在表达形式上的特点与规律，并即时转化。在这一过程中，教师没有生硬地教语文知识，而是引导学生通过自主阅读、师生对读、句式转换、迁移运用等方式，在大量的语言实践中发现语言文字运用的奥秘，同时培养了学生热爱国家通用语言文字的情感。

活动二：实践练习，运用表达方法

师：同学们，刚刚读了这段话，我们知道了很多花开放的时间，但如果花钟上只有这些花，还有些少，这个花钟还不够精准。为了让这个花钟更精准，王老师为大家提供一些资料。如果大家能用上刚才学到的表达方法来写一写，补充进课文中，那这个花钟就更精准了。来，咱们试试吧！（课件出示）

龙葵：6时；蒲公英：7时；金盏草：9时；半枝莲：10时；烟草花：18时。

师：请同学们选择两三种花写一写它们的开放，建议大家可以使用拟人手法，也可以不用，有时候可以把时间词放在前面，有时候可以把时间词放在中间，这样有变化的表达才更有魅力。大家拿出手边的练习纸，选择两种或者三种花来写一写吧。

（学生动笔写，教师巡视指导。）

师：我们来交流交流吧。（指一生）给大家读读你写的句子。

生：上午六点，龙葵睁开了睡眼，欣喜地打量着全新的一天；蒲公英则在七点左右，准备好了洁白的降落伞，准备开始一场说走就走的旅行。

师：非常好，你用上了自己学到的方法，真好！我们继续交流。

生：金盏草在早上九点开放，半枝莲则会多打扮一会儿自己，一个小时后，十点钟，她将自己最美的一面展现给了大家。

生：早上十点，半枝莲苏醒过来；下午六点，烟草花舒展开了自己的花瓣，散发出了独特的香味。

师：大家的表达特别棒，很值得表扬！同学们，无论是课文中的内容，还是我们刚刚写的语句，其实都是围绕这段话中的一个句子来写的，大家再读读这段话，看看能不能发现。

生：这段话是围绕这句话来写的："要是我们留心观察，就会发现，一天之内，不同的花开放的时间是不同的。"

师：对，就是这一句。谁能用自己的话简洁地把这个意思说出来？

生：要是我们仔细观察，就会发现不同的花开放时间是不同的。

师：还有吗？

生：不同的花开放时间是不同的。

师：大家看，我们既可以用课文中的一句话来概括这段话的意思，也可以用自己的语言来表达。这段话确实写得非常好，不仅很多语句写得很生动，很多词语也用得恰到好处。这些词句都很值得我们积累。我们尝试着背诵背诵这段话吧。

（学生练习背诵）

师：我给出时间词，大家依据时间词，试着背诵背诵。

（课件出示时间词，学生练习背诵。）

师：非常好，下面我给出花名，大家再试着背诵背诵。

（课件出示花名，学生练习背诵。）

师：都背过了吧？来，同桌互相背诵背诵。

（同桌相互背诵）

○○○○○○○○
赏 析

注重语言文字积累是语文教育的宝贵经验。此环节不仅让学生进行积极的语言实践，做到用以致学、学以致用，同时让学生在课堂上背诵有新鲜感的语段，积累丰富的语言材料和语言经验。这样的教学不是机械的，而是在学生发现了语言表达的规律之后自主生成的，这一实践活动的设计自然而巧妙。

任务三：探究原因，揭示花钟背后的秘密

活动一：汲取信息，揭秘花钟的原理

师：同学们，我们在学习第 1 自然段时，发现这段话是围绕其中的一句话来写的。下面我们来读读第 2 自然段，看看这段话是围绕哪句话来写的。

（学生自读课文，思考。）

生：第 2 自然段是围绕这句话来写的："不同的植物为什么开花的时间

不同呢？"

师：找得很准确，我们一起读读这句话。

生：（齐）不同的植物为什么开花的时间不同呢？

师：非常好！如果不用问句表达，还可以怎么说？

生：不同的植物开花的时间不同。

师：注意，这句话中有一个非常重要的词语：为什么。想想看，怎么表达才更清楚？

生：我知道了，不同的植物开花的时间不同是有原因的。

师：非常好，不断改进，我们的表达就会更准确。同学们，不同的植物开花的时间不同是有原因的，到底有哪些原因呢？下面，请同学们仔细读一读课文第2自然段，注意梳理有效的信息，看看你们能找到几个原因。大家找到一处就可以在前面写上序号，这样，一会儿在介绍时，就更有条理了。

（学生默读课文，勾画思考，标出序号。）

师：找到原因，并且标清楚序号的同学请举手。非常好，这么多同学都梳理出了相关的信息，做了标注，值得表扬！下面，我们将进入一个非常时刻——揭秘时刻。我们邀请一位同学上台为我们揭秘不同植物开花时间不同的原因。

（学生踊跃举手）

师：这位同学，请你来。

生：今天，我要为大家揭秘不同植物开花时间不同的原因。不同的花开花的时间为什么不同呢？主要有两个原因：第一个是植物开花的时间往往与温度、湿度、光照有着密切的关系；第二个是植物开花常常跟昆虫活动的时间相吻合。

师：让我们把掌声送给这位同学。谁来表扬一下他？

生：他的声音很响亮，介绍得很清楚，他没有读课文，而是用自己的话说的。

师：确实很不错，如果要给他提个小建议，你有什么建议？

生：我觉得可以加上手势，还可以跟下面的同学多互动。

师：谁再来试试？汲取刚才第一位同学的经验，相信你会介绍得更好。这位同学，请你上来吧！

生：同学们，大家好！植物开花的时间不同，有哪些奥秘呢？下面，我将为大家进行揭秘。原因主要有两点：第一点是植物开花的时间与温度、湿度、光照关系密切；第二点是植物开花的时间跟昆虫的活动时间有关系。大家明白了吗？谢谢大家，我的揭秘到此结束。

师：我们把掌声也送给这位同学，非常好。相信通过这两位同学的揭秘，大家都清楚了。下面，同桌两人互相说一说。

（同桌互相说）

赏析

指导学生揭示花钟背后的秘密，教师并没有脱离语言文字的运用，而是时刻立足语文的学科品性，体现语文的学科特点。引导学生"揭秘"，教师也没有进行抽象的语法规则、表达策略等方面的知识教学，而是让学生在大量的语言实践中去发现和掌握语言文字运用的方法和规律，将培养学生的语言文字运用能力落到细微处，落到关键处。

活动二：借助资料，获取有效的信息

师：同学们，今天我们一起探究了花钟背后的奥秘，了解到不同的花开放的时间不同，而且还知道了背后的原因。在学习的过程中，我们用到了一个很重要的学习方法，那就是在阅读中梳理有效的信息。下面，我们来阅读一段资料，看看你们又能获取哪些有效的信息。（课件出示）

夜来香

夜来香在晚上开花是因为它原产于亚热带地区，生长的环境气候炎热。很多昆虫都是在晚上凉爽的时候才出来进行觅食，为了能够更加有效地进行授粉，只得在晚上开花。经过进化之后，夜来香仍然保留了这一习性，所以我们见到的夜来香都是在晚上开花，这也是它名字的由来。

（学生快速阅读，梳理信息。）

师：同学们，发现了吗？夜来香为什么在晚上开花？

生：通过阅读资料，我知道了夜来香在晚上开花，是因为亚热带地区气候炎热，晚上才会凉快一些，昆虫才会出来觅食，这时候方便授粉，所以夜来香就在晚上开花。

师：说得很好！原来植物开花的时间背后有这么多的秘密啊！在阅读的过程中，我们一定要学会梳理信息，获取信息，同时还要学会搜集资料，从资料中获取信息。希望大家课后收集更多的资料，在梳理与探究中不断发现。最后，王老师给同学们留一个作业，希望同学们能够手绘属于自己的花钟，向你们身边的小朋友介绍奇妙的花钟。同时，我更希望同学们走进大自然去感受花钟的奇妙。课文第1自然段语言很美，希望大家能够把这段话背诵下来。这节课就上到这里，下课。

赏 析

如何学会在阅读中梳理信息，教师聚焦这一目标"咬定青山不放松"，做到了从学到用、环环相扣、循序渐进、逐层进阶，体现了目标的一致性和纵深性。由于教师心中有标的、实践有策略、指导有方法，学生读能快速捕捉信息、把握要义；说能有理有据，条理清晰；用能灵活自如、创新发展。教学的针对性和实效性大大增强。

总评

如何在丰富的语言实践中，培养学生形成良好的语感，形成个体语言经验，具备正确、规范运用语言文字的意识和能力？王林波老师《花钟》一课的教学为广大一线教师提供了一个可资借鉴的优秀案例。

第一，凸显语文课程的性质是教学的根本命脉。"语文课程是一门学习国家通用语言文字运用的综合性、实践性课程",强化"语用"意识,提升"语用"能力,是语文课程的基础、核心。语文课教什么、怎么教、为什么教,关乎语文教学的本质。《花钟》一课的教学,如果过于在自然探秘上下功夫,极容易上成科学课,语文老师就会"种了别人的田,荒了自己的园"。对此,王老师始终保持着清醒和理性,"语用"教学是他的一贯主张。课堂上,他没有停留在让学生读懂课文内容这一层面,而是更关注课文的表达形式,通过生动活泼的方式带着学生在课文中"走个来回",既知道课文"写了什么",更去探寻"怎么写的"这一秘密,学生言意兼得,语言运用扎实有效。

第二,目标的清晰可测是影响教学效果的关键要素。长期以来,语文教学"模模糊糊一大片""脚踩西瓜皮,滑到哪里算哪里"的现象一定程度上存在,成为影响教学质效的主要因素。王老师这一课的教学紧紧围绕"学会在阅读中梳理信息"展开,从初读学习梳理信息到运用梳理的信息,再到借助资料获取信息等,一唱三叹,层层深入,为学生语文习惯的培养、语文能力的提升奠定扎实的基础。这首先得益于这节课的教学目标定位准确、指向明晰。这样的目标可检测、可达成,一课一得,一步一个脚印,实现了学生学习成果的可视化,达到了教学的实效、优效、高效。

第三,突出基础性是教学的重中之重。王老师在课堂上不走过场、不搞花架子,针对三年级学生的特点,遵循学生这一阶段的语文学习规律,指导学生认认真真地掌握方法与规律,扎扎实实地进行语言实践,让学生走进真实的语言运用情境,避免脱离情境的机械的语言操练。对学生良好的读书习惯、思考习惯、表达习惯等的培养落得细、落得实。"基础不牢,地动山摇",只有夯实基础,学生的语文学习大厦才会坚不可摧,可持续发展的动力才会更足。

总之,王老师的这节课上得实在又充满灵性,看似不经意实则匠心独具的设计与点拨让教学行云流水般自然灵动。教师教得轻松,学生学得主动,教学效果显而易见。

吉林省教育学院 孙世梅(全国十大青年名师)

梳理实验过程，学习表达方法
——《蜜蜂》教学实录

执教者：王林波

任务一：提取信息，明确实验目的

活动一：借助诗文内容，获取相关信息

师：同学们，课前大家背诵了好几首古诗，看来大家的积累还是比较丰富的。大家看大屏上显示的这首诗，写的是一种昆虫，大家读读诗句，看能不能读出来这首诗写的是哪种昆虫。（课件出示）

> 不论平地与山尖，无限风光尽被占。
> 采得百花成蜜后，为谁辛苦为谁甜？

（学生读诗句）

生：这首诗写的是蜜蜂，诗中写了"采得百花成蜜后"，蜜蜂就是采蜜的。

师：答案正确，讲述有理有据，值得表扬！同学们都见过蜜蜂，也在科学课上学过相关的知识，谁来说说对蜜蜂的了解？

生：蜜蜂是一种昆虫，它跟马蜂不一样。

生：如果遇到蜜蜂，你不用害怕，你不攻击它，它是不会主动蜇你的。

生：如果你被蜜蜂蜇了，就得赶紧去医院。蜜蜂蜇了你，它的刺就断了，它也就死了。

师：看来大家对蜜蜂了解得还挺多的。蜜蜂是一种昆虫，所以"蜜"和"蜂"都带有"虫"。下面，老师来写本课的课题，大家看"蜜"字的"虫"在什么位置？

生：下面，所以要写得稍微扁一些。

师：说得很对。我们接着来写"蜂"，它的虫字旁在什么地方？

生：左边。

师："虫"在左边，写的时候要注意什么？

生：要写得瘦一点，细长一些。

师：对，同学们观察得很仔细。同样一个偏旁在不同的位置，写法是不同的。下面这段话就带有"蜜蜂"这两个生字，谁来读一读？（课件出示）

听说蜜蜂有辨认方向的能力，无论飞到哪里，它总是可以回到原处。我想做个实验。

（指名读）

师：你的声音特别响亮，读得非常流畅。这段话中有一个词比较难读，你读对了，能不能带着大家读读这个词？

（课件中"辨认"变为红色，该生领读。）

师："辨"字的笔画特别多，不过很有规律，发现了吗？

生：左边和右边都是"辛"。

师：这两个"辛"的写法一样吗？

生：不一样，右边的"辛"是正常的写法，左边"辛"字的最后一笔变成了撇。

师：是啊，相同的部件在不同的位置，写法往往就会发生一些变化。这个"辛"字在左边时最后一笔是撇，但到了右边，最后一笔是——

生：竖。

师：我们在写字的时候一定要仔细观察，这样才能把字写好。我们再来读一读这个字。

生：辨。

师：这个词读作——

生：辨认。

师：看到这个"辨"字，我想很多同学立刻就想到了跟它有点像的字，比如说当中间变成什么，它就成了什么字？

生：当中间变成言字旁，就是辩论的"辩"。

师：对，因为辩论要说话，所以中间是言字旁。看到这个女同学（指她的辫子），你就想到了哪个字？

生：辫子的"辫"。"辫"的中间是绞丝旁。

师：谁知道为什么辫子的"辫"中间是绞丝旁？

生：因为女生扎头发的时候经常会用到丝带之类的东西。

师：说得很对！那如果中间是一个"瓜"，这又是哪个字呢？

生：花瓣的"瓣"。

师：说得很好！下面我们再来读一读这段话。

（学生齐读）

○○○○○○○

赏 析

王老师的入课，看似平常，实则极富设计感。从古诗到文中句子，联系自然，目标定位和落实巧妙，将对"蜜蜂"相关信息的了解与识字、写字融为一体。在识字与写字方面，重点引导学生观察字形、笔画在不同位置时的变化，进一步了解汉字的特点，感受汉字笔画结构中蕴含的智慧。

活动二：明确实验目的，学习概括方法

师：刚刚我们读的这段话其实就是今天我们要学习的这篇课文的第1

自然段。这篇课文的作者很厉害，他的名字叫法布尔。有没有同学知道他的？

生：他是法国著名的昆虫学家，写过一本书叫《昆虫记》。

生：《昆虫记》是各国小朋友都很喜欢的书，被称为"昆虫的史诗"。

生：法布尔不仅是昆虫学家，还是文学家、博物学家。

师：是的，大家查阅了资料，对法布尔有了不少的了解，王老师也查阅了资料，找到了法布尔说过的一句话，我们请一位同学读给大家听。（课件出示）

在对某个事物说是以前，我要观察、触摸，而且不是一次，是两三次，甚至没完没了，直到没有任何怀疑为止。

（指名读）

师：你觉得法布尔是一个什么样的人？

生：他很认真、细心。

生：他做事很严谨，你看他会去观察、触摸，而且是很多次，不是轻易就下结论的。

师：这就是法布尔，他确实特别严谨。我们回过头来再读一读刚才读过的这段话。（课件出示）

听说蜜蜂有辨认方向的能力，无论飞到哪里，它总是可以回到原处。我想做个实验。

师：你有没有从哪两个词语中也发现法布尔确实很严谨？善于读书的同学肯定发现了。

生：他"听说"后，不太确定，就想做个"实验"，从这里可以看出来他很严谨。

师：从这段话中你一定还获取了蜜蜂的相关知识，比如蜜蜂有什么样的本领？

生：蜜蜂有辨认方向的能力，无论飞到哪里，它总是可以回到原处。

师：非常好，大家既会品读语言，又能获取相关的信息，很会学习。这段话说法布尔想做个实验。说到实验，大家在科学课上做过吧？

生：做过。

师：我们要做实验，一开始一定要先确定什么？

生：实验目标。

师：你说得很对！做实验首先得清楚实验目的是什么。做实验还有哪些环节？

生：实验过程和实验结论。

（教师板书：实验目的、实验过程、实验结论）

师：大家一起读一下这三个词。

生：（齐）实验目的、实验过程、实验结论。

师：有没有发现语文课和科学课竟然有这么大的关系？今天我们学语文的时候，就要用到科学课上学到的相关知识。今天要学习的这篇课文中，法布尔要做一个实验，当然就有实验的目的，大家读读课文第1自然段，看能不能发现实验的目的。

（学生默读，思考。）

师：实验的目的是什么？

生：他想检验蜜蜂是不是有辨认方向的能力。

师：这位同学特别会概括，这样的学习方法很好。我们在获取信息的时候，不是要把这段话直接搬过来，要学会——

生：概括。

师：学会概括，你就知道了实验目的是——

生：验证蜜蜂是否有辨认方向的能力。

师：实验目的有了，现在，我们要知道实验结论的话，应该看课文的什么地方？

生：应该看课文的结尾部分。

师：来，咱们把书打开看一看，看谁能够在结尾的部分找到相关的语句来。

生：我找到的句子是："蜜蜂靠的不是超常的记忆力，而是一种我无法解释的本能。"

师：找得非常精准，读得也很好！来，我们一起读读这一句。

（学生齐读句子）

师：这个实验的结论是什么？难道把这句话直接抄上去吗？我们要学会——

生：概括。

师：谁来试着概括一下？

生：蜜蜂靠的不是记忆力，而是一种未知的本能。

师：意思很正确，但是我觉得稍微有点长了，再简洁一点就更好了。

生：蜜蜂辨认方向靠的是本能。

师：语言更简洁了，很好。

赏 析

概括能力是一项基础性的理解和表达能力。王老师以课文开头"实验目的"和结尾"实验结论"的梳理为抓手，让学生在真实的语言实践活动中感受概括的价值，练习概括的技能。这就是"用课文学语文"的策略样本。

任务二：梳理信息，介绍实验过程

师：同学们，现在实验的目的清楚了，实验的结论也清楚了，接下来我们就要探究实验的过程了。现在请大家自由读课文，注意读准字音，读通句子，同时勾画出课文中的时间词。要梳理实验的过程，这次我们应该读课文的什么地方？

生：中间部分。

师：非常好，我们开始阅读吧。

（学生默读课文，勾画。）

师：我们班的同学特别会学习，不光读得认真，而且勾画得特别仔细，值得表扬。勾画出时间词的同学请举手，我们来交流交流吧。

生：我勾画的时间有"两点钟"，还有"两点四十分"。

生：还有"傍晚时"和"第二天"。

师：我们找到了四个特别重要的时间。接下来，请大家默读课文，找出在这四个时间段里作者做了什么事，或者观察到了什么现象？请大家梳理信息，完成实验记录单。注意填写表格时，语言要简洁。好，开始默读吧。（课件出示"实验过程"表）

时间	做法或者观察到的现象
将近两点	
两点四十分	
傍晚时	
第二天	

（学生默读，填写表单，教师巡视指导。）

师：有的同学特别会学习，他记录的是关键词，并没有抄句子，这个方法很值得学习。好了，咱们来交流交流。现在，我宣布，我们的实验发布会就要开始了，我们有请第一位同学上台介绍法布尔的实验过程。

生：下午将近两点法布尔先放蜜蜂；两点四十分两只蜜蜂回到了蜂窝；傍晚时，另外三只蜜蜂回来了；第二天一共有十五只蜜蜂回来了。

师：这位同学语言很简洁，值得肯定，但是有一个问题，法布尔是在哪放蜜蜂的，讲得不是特别清楚。你能不能说得再清楚一些？

生：下午将近两点法布尔走了四公里，然后才放的蜜蜂，放之前他还给蜜蜂画了白色记号。两点四十分两只蜜蜂回到了蜂窝；傍晚时，另三只蜜蜂回来了；第二天一共有十五只蜜蜂回来了。

师：这位同学进步很大，现在讲得更清楚了。谁也可以做到？我们请下一位同学上台来发布实验过程。

生：大家好，下面我要给大家介绍法布尔的实验过程。下午将近两点，法布尔先在草料棚里面捉了二十只左右的蜜蜂，他走了四公里，然后又给蜜蜂做了白色记号才把它们放飞。在两点四十的时候，有两只蜜蜂飞到了蜂窝里面。傍晚时，法布尔亲眼看到另外三只飞回了蜂窝。第二天法布尔检查蜂窝的时候，发现一共有十五只画着白色记号的蜜蜂飞回来了。

师：好，掌声送给他，非常棒！这就是实验过程。

赏析

对开头和结尾的概括是"初试身手"，对实验过程的概括才是"大显身手"。王老师先让学生自己阅读勾画，抓住时间信息，再提供表格支架，学生根据不同时间点来填表并练习概括，这样层次递进，让学生在进行语言实践的同时，"看清楚"了自己的学习历程，内化了概括的步骤。

任务三：落实表达，丰富实验内容

活动一：聚焦字词，体会表达效果

师：大家把实验的目的、过程和结论都弄清楚了，很好。这个实验就是昆虫学家法布尔做的。课后的"资料袋"中对法布尔有这样的介绍——（课件出示）

法布尔（1823—1915）是法国著名的昆虫学家、文学家。课文节选自他的《昆虫记》。这部作品用优美生动的语言，记录了他对昆虫的观察和发现，兼具科学和文学价值。

师：从这段资料中，大家一定获取了信息，法布尔的代表作是——
生：（齐）《昆虫记》。
师：《昆虫记》有什么样的价值？
生：《昆虫记》既有科学价值又有文学价值。

师：是的，法布尔既是昆虫学家，也是文学家。他是一个做事特别严谨的人。不过，王老师在读课文的时候却发现，有时候法布尔也不太严谨，大家读读下面这段话，看看有什么发现。（课件出示）

二十只左右被闷了好久的蜜蜂向四面飞散，好像在寻找回家的方向。这时候刮起了狂风，蜜蜂飞得很低，几乎要触到地面，大概这样可以减少阻力。

生：他用了"几乎要触到地面"，还有"大概"这样的词，好像不太严谨。

师：是的，还有吗？

生："二十只左右"。

师：难道法布尔连这样简单的数字都数不清吗？那他还当什么昆虫学家？这到底是怎么回事？是不是法布尔不够严谨？前面我们可发现他是非常认真和严谨的啊！

（学生思考，讨论。）

生：我觉得法布尔是非常严谨的，因为蜜蜂是会动的，很难一下子数清楚，而且装在袋子里面的蜜蜂还有可能偷偷飞走呢，所以他说是"二十只左右"。

师：你说得很有道理。还有其他同学要交流吗？

生：蜜蜂好像在寻找回家的方向，我觉得"好像"用得很好，因为法布尔又不是蜜蜂，不可能了解蜜蜂真实的想法，只能猜测，用上"好像"更准确。

师：是啊，法布尔不是蜜蜂，所以只能猜测，既然是猜测，就不能说"一定"，那就要用"好像""大概"这样的词语。大家看看这个"大概"，如果换个词来表达的话，你们会怎么说？

生：可能、大约。

师：非常好，法布尔不愧为文学家，这段话表面看起来好像不够准确，实际上是更精准的表达。法布尔就是这样一个严谨认真的人。

◯ ◯ ◯ ◯ ◯ ◯

赏 析

在看似平常的地方发现并发挥语言运用学习的价值，是王老师高超的教学内容选择和定位能力的最好证明。作为一篇科学类文本，遣词造句的严谨特别重要。这段话中的"不确定性"表达，恰恰表现了法布尔的严谨态度。品读这段话，学生在发现表达严谨性的同时，进一步感受了法布尔的科学精神。

活动二：关注表达，学习写作方法

师：同学们，法布尔不仅仅是一位昆虫学家，还是一位文学家，所以他写的实验读起来很生动，让人印象深刻。请大家再仔细读读这段话，你们会发现他的表达方法也很值得我们学习，我们在写实验的时候，就可以用上这些方法。大家赶快读读这段话，看看有什么发现。（课件出示）

二十只左右被闷了好久的蜜蜂向四面飞散，好像在寻找回家的方向。这时候刮起了狂风，蜜蜂飞得很低，几乎要触到地面，大概这样可以减少阻力。我想，它们飞得这么低，怎么能看到遥远的家呢？

（学生默读，思考。）

生：我发现法布尔写了实验过程中出现的意外，大家看，他写了"这时候刮起了狂风"。

师：这位同学很会发现。这里写的就是在实验过程中的突发情况，实验中出现的意外。确实，没有什么事情是一帆风顺的，把突发情况写出来，把意外写清楚，实验就让人印象更深刻了。我们再来读读这段话，感受感受。

（学生齐读）

师：同学们，你们也做过实验，做实验的过程中有没有过突发事件？

生：我做鸡蛋浮起来的实验时，把鸡蛋给打碎了。

师：哈哈，那不成了鸡蛋汤了，而且还是有味道的，之前可是加过盐的。

（众生大笑）

生：我也做过这个实验，我还没放盐，鸡蛋就浮起来了，后来研究了半天，才发现是因为我拿的那个鸡蛋坏了。

师：你看，我们的实验中也会有意外。把这些突发的情况写出来，你的实验就更让人难忘了。同学们，这里刮起了狂风是一个突发事件，还有没有其他的突发事件出现？你们能不能想到一个跟作者不一样的？

生：这时候下雨了。

师：对，也是有可能的。

生：这时候乌云密布。

生：这时候雨过天晴。

生：这时候打雷了，还伴有闪电。

师：对，这些都是有可能发生的，这时候蜜蜂又会是什么样的表现呢？请同学们选择一种突发情况，并在后边写上一两句话，开始。（课件出示）

这时候_____，蜜蜂_____。

（学生动笔写）

师：我看很多同学都写好了，我们来交流一下吧。先请这个男孩来分享。

生：这时候下起了雨，蜜蜂躲到了树下，几乎要挨到树干了，大概这样可以不被雨淋着。

师：设身处地地去想，写得不错。

生：这时候下起雨来了，蜜蜂躲在树下，暂时都不敢飞了。

生：这时候乌云密布，天空变得黑沉沉的，蜜蜂飞得很慢，很小心。

师：写得非常好！同学们，这段话中除了写突发事件，还有一个小秘密让实验变得更加吸引人了。有谁发现？

生：还可以写想法。这段话最后还写道："我想，它们飞得这么低，怎么能看到遥远的家呢？"

师：是的，写出自己在那一刻的想法，这样实验就更真切了。同学们，你们能不能在刚刚自己写的话后面加上"我想……",把那一刻你的想法加上,这样你的表达质量就更高、更吸引人了。不信你们试试看。

(学生动笔修改自己的表达)

师: 好,我们来分享一下吧。先请这个女生来读一读。

生: 这时候天空下起了雨,蜜蜂飞到了大树底下,几乎要碰到树干了,可能这样可以不被雨淋着。我想,天空都下起了雨,它们还能回到蜂窝里吗?

师: 加上了自己的想法,不错,值得表扬!

生: 这时候乌云密布,天空变得黑沉沉的,蜜蜂飞得很慢,很小心。我想,天空黑沉沉的,视线很不好,蜜蜂还能找到回家的路吗?

师: 非常好,加上了想法,表达就变得更吸引人了。同学们,课文这段话中我们还可以在哪些地方加上自己的想法呢?(课件出示)

一天,我在我家草料棚的蜂窝里捉了一些蜜蜂,把它们放在纸袋里。我叫小女儿在蜂窝旁等着,自己带着蜜蜂,走了四公里路,打开纸袋,在它们身上做了白色记号,然后放了出来。

(学生自读,思考。同桌互相说一说,评一评。)

师: 同学们,准备好的可以举手了。先读句子,然后加上"我想……"。

生: 一天,我在我家草料棚的蜂窝里捉了一些蜜蜂,把它们放在纸袋里。我叫小女儿在蜂窝旁等着,自己带着蜜蜂,走了四公里路。我想,蜜蜂被纸袋包裹着,看不到外面的场景,我猜它们可能飞不回蜂窝了。

师: 加得不错!你让表达变得更加生动了!继续——

生: 打开纸袋,在它们身上做了白色记号,然后放了出来。我想,这样就可以准确地知道它们到底是不是我放的蜜蜂了,就不会跟别的蜜蜂混在一起了。

师: 特别好!还有吗?我们继续交流。

生: 一天,我在我家草料棚的蜂窝里捉了一些蜜蜂,把它们放在纸袋里。我想,纸袋是有颜色的,它们看不到外面的景物,还能飞回来吗?

师：非常好，继续说——

生：我叫小女儿在蜂窝旁等着，自己带着蜜蜂，我想，这样即使有蜜蜂提前飞回去，也有小女儿帮我去记录。

师：掌声送给刚才的几位同学，说得太好了！同学们，你们发现没有，写好一次实验并不简单？我们需要写清楚实验的目的、经过、结果。在写实验经过的时候可以像这篇课文的作者法布尔一样，按照时间的顺序来写。不仅如此，为了让文章更加生动，还可以写出突发事件，加上自己的想法，这样文章才会让人印象深刻。今天这节课就要下课了，王老师给大家留了作业：希望同学们可以向家人和朋友介绍今天的实验，开一个小型的实验发布会，同时，也希望同学们能够阅读法布尔的《昆虫记》这本书。下课。

赏 析

读写结合是课文学习常见的做法，但是不同的文本、不同的目的，读写结合的具体实践活动的设计是不同的。这是一篇写实验的实用性文本，王老师将读写结合聚焦在两点上：一是如何结合实验中的突发情况写出真实的情景，二是联系实验环节写实验者的想法。这两点不仅能够让表达更加具体生动，更重要的是突出了"真实"——"真实"是科学实验的基本要求，也是这类文本的灵魂所在。

总评

每次欣赏王林波老师的课，都忍不住惊叹他的设计力。《蜜蜂》这节课也不例外。

这节课中，设计力首先表现在学习目标的定位和教学内容的选择上。课文学习，基础性目标是识字学词和整体把握课文内容，不同的文本，字词学习的重点和内容把握的训练，都要根据文本特点、单元目标以及学生需要来精心选择和定位。《蜜蜂》是三年级科普单元的一篇课文，课文主要是讲作者如何通过实验来研究蜜蜂辨认方向的能力。王老师在识字与写字上，就抓住了"蜜""蜂""辨"三个字，实在巧妙得很。课文内容的整体把握，以"概括能力"训练为靶心，设计了层次递进的语文实践活动，帮助学生建构了清晰的学习体验。作为一篇具有一定文学性特点的描写实验的科普文，表达特点的领会和表达智慧的习得，也充分体现了王老师的设计力——从文本词句中选择最具有迁移力的片段，朗读赏析，联系生活经验，想象不同状况进行练笔，让学生充分感受"真实"表达的力量。

这节课的设计力更表现在"语文实践活动"的安排上。好的语文课，一定是以学生的语言文字运用实践为中心的课，是突出学生自主学习体验的课。这节课，无论是发现汉字的部件变化，概括实验过程，还是进行迁移练笔，学生的语言实践始终是课堂设计的焦点，是课堂现场的重头戏。这也是对"新课标"强调以学习任务整合学习内容、情境、方法、资源，并驱动学生自主学习的实践呼应。

语文实践活动的安排，实质上是学习体验的设计和安排。设身处地地回到学生视角，我们就会发现，王林波老师的这节课，核心的设计力就是体现在学生学习体验的建构上——板块清晰，循序渐进，具有鲜明的层次感。一节课下来，学了什么，怎么学的，学会了什么，学生脑海中是有清晰的结构性框架的。这个结构性框架，能够促进学生的自我整理和内化。

北京亦庄实验小学　李竹平（特级教师）

第四辑

"文学阅读与创意表达"
学习任务群的课堂教学

想象丰富的画面，感悟生动的表达
——《暮江吟》教学实录

执教者：王林波

任务一：背诵相关古诗，理解诗题大意

活动一：紧扣"吟"字，积累诗句

师：同学们课前背诵了好几首古诗，看得出来，大家的积累很丰富。下面这两首诗，我们再来读一读。

（课件出示《游子吟》《石灰吟》，学生再读。）

师：读得非常好，这两首诗的诗题中有一个共同的字，发现了没有？

生：吟。

师：今天我们还将学习一首古诗，题目中也带有这个"吟"字，大家一起来读题目——

生：（齐）暮江吟。

师："吟"是形声字，右边是今，不是令。这个"吟"是什么意思呢？会学习的同学一定知道。

生：吟是古代诗歌体裁的一种，在注释中就有，是注释①。

师：发现没有，学古诗什么很重要？

生：看注释。

赏 析

由《游子吟》《石灰吟》引出《暮江吟》，不仅能够帮助学生理解"吟"的意思，也有助于丰富学生的积累。

活动二：辨析"暮"字，理解诗题

师：今天我们学习的古诗题目是"暮江吟"，看老师写"暮"字，我先写上半部分，这是什么字？

生：莫。

师："暮"也是一个形声字，上半部分是声旁，表示读音，下半部分是形旁，表示它的意思。看老师把这个字写完整。

（教师书写"暮"，有意写成"墓"。）

生：老师，您刚刚写的这个不对，下面是"土"的这个是坟墓的"墓"。

师：哦，下面不是土啊，那我改一下。

（教师有意写成"幕"）

生：这个也不对，这是闭幕式的"幕"，幕布的"幕"。

师：哦，我再改一下。

（教师有意写成"慕"）

生：这个也不对，这是羡慕的"慕"。

生：这个字的下面是"心"的变形，这是仰慕、慕名的"慕"。《暮江吟》的"暮"字下面是个"日"字。

师：根据这个形旁，猜猜这个"暮"字的意思吧。

生：这个"暮"跟太阳有关，跟时间有关。

师："暮"表示的是什么时间呢？

生：傍晚，天快黑的时候。

师：现在诗题的意思理解了吧？

生：这首诗写的是傍晚时分江边的景象。

师：非常好，咱们再来读诗题。

生：（齐）暮江吟。

赏 析

王老师有意将"暮"写成"墓"，进而再写成"幕""慕"，将几个很容易混淆的形近字呈现了出来，这时候引导学生借助形声字形旁表义的特点来辨析，就能"一网打尽"。

任务二：了解诗句大意，感受诗歌押韵

活动一：读准读通诗句，理解重点字意

师：下面，就让我们来到江边，欣赏欣赏傍晚时分这里的景象吧。请大家自己读一读这首诗，注意把字音读准确，把句子读通顺。

（学生自由练读古诗，教师巡视检查。）

师：表扬咱们班同学，很会听讲，按照老师的要求，自己读自己的，没有齐读，很好。我们请几位同学来读一读。

（指名几位同学朗读，教师相机正音。）

师：大家读得正确、流畅，很好。这首诗读了好多遍了，大家留意这首诗的作者是谁了吗？

生：白居易。

师：有没有同学对白居易有了解的？

生：白居易，字乐天，号香山居士，又号醉吟先生，是唐代诗人，有"诗魔"的称号。

师：这位同学课前预习得特别充分，查找了资料写到了书上，这个学习习惯很好。大家记住了吧，白居易被称为——

生：白居易被称为"诗魔"，号香山居士。

师：很好，王老师也查了资料，分享给大家。（课件出示）

白居易（772—846），字乐天，号香山居士、醉吟先生。他是唐代诗人中现存作品最多的一个，其诗歌创作题材广泛、形式多样、语言通俗、深入浅出，相传街边老妪也能听懂。

师：资料中说了，相传街边老妪也能听懂，知道"老妪"指的是什么吗？

生：可能是小朋友和老人。

生：可能是老爷爷或者是老奶奶。

师：大家注意一下，这个"妪"是女字旁，前边有个字是"老"，再想想。

生：老妪应该是老太太。

师：这位同学很善于学习，值得表扬。白居易写的诗歌，街边的老太太都能懂得是什么意思，那你们呢？你们可是小学生啊，天天都在学习。

生：我们也会。

师：大家挺有自信的，我来考一考。"一道残阳铺水中"，"残阳"是什么意思？

生："残阳"就是夕阳的意思，一看课文插图就明白了。

师：是啊，学古诗除了看注释，还可以看插图。来，我们继续看，"半江瑟瑟半江红"，"瑟瑟"是什么意思？

生：青绿色，注释中就有。

师："可怜九月初三夜"，"可怜"是什么意思？

生：可爱的意思，我也是看注释理解的。

师："可怜"现在的意思跟过去可不一样。这位同学请起立，大家看这个女生多可爱啊，但如果今天你一见到她，就说"你好可怜啊"，行吗？

（众生大笑）

师：最后一行诗"露似真珠月似弓"，这里的"真珠"其实就是——

生：珍珠。

师：同学们，学古诗，看插图、看注释都很重要。诗中重要的字词我们都理解了，下面我们再来读一读这首诗，注意读好节奏。

（指名多人读这首诗）

师：表扬这几位同学，他们特别会读诗，知道七言的诗句该在哪儿停顿，读得很有节奏感。来，我们一起再来读读这首诗。

（学生齐读）

赏 析

学习古诗，理解字词的意思是必要的，但往往也会比较枯燥。不过，在王老师的课堂上，理解意思的环节却充满了欢声笑语。王老师借助资料，不仅让学生了解了诗人白居易，还让学生知道了白居易的诗很容易理解，街边老妪都能读懂。这样一来，学生就不会有畏难情绪了。王老师教给了学生不少学习方法，学生用好方法，理解自然就轻松了。对于古今异义的词语，王老师联系生活，有意制造认知冲突，让"可怜"一词的理解变得非常有趣。

活动二：感受诗歌押韵，读好诗句节奏

师：同学们，这首诗大家读了很多遍了。说说看，此时的江水呈现出了几种颜色？

生：两种颜色，一种是青绿色，一种是红色，所以作者说"半江瑟瑟半江红"。

师：大家听听我读的诗句：半江红半江瑟瑟。两种颜色，一种也没有少，这样行吗？什么感觉？你们也试着读一读，感受感受。

（学生自读，感受。）

生：我发现这样就不太通顺了，感觉很奇怪。

生：我也觉得非常别扭。

生：这样就不押韵了。

师： 是啊，前面是"一道残阳铺水中"，这里是"半江瑟瑟半江红"。最后一个字是押韵的，读起来朗朗上口，很顺畅。最后一行诗写的是"露似真珠月似弓"，如果还是在比喻露珠和月亮，写成"月似弓露似真珠"，你觉得怎么样？

　　生： 不行，这样也很别扭，就不押韵了。

　　师： 是啊，因为押韵，诗歌读起来朗朗上口。我们再来读一读这首诗，感受感受这首诗的音韵美。

　　（学生齐读这首诗，感受音韵美。）

　　师： 大家读得不错，值得表扬。朗读古诗，如果还能做到声断气不断，那就更有味道了，谁来试试？

　　（教师指名读，并相机指导。）

○ ○ ○ ○ ○ ○ ○
赏 析

　　古诗具有音韵美的特点。因此，在教学古诗时，我们都会告诉学生要在读中感受音韵美，但往往效果不佳。在这首诗的教学过程中，王老师通过变换词序、重构诗句，引导学生在对比读中感受押韵的效果。这样，学生就能真切地感到音韵之美，朗读效果自然也就更好了。

任务三：品析重点词语，学习观察和表达方法

活动一：比较品析，感受"铺"字的妙用

　　师： 同学们，我们来看看一二两行诗。"一道残阳铺水中"，"铺"在生活中很常见，你们铺过什么？

　　生： 早上起来，我会铺床，把床铺得平平整整的。

　　生： 打扫完卫生，妈妈会把地毯铺得整整齐齐的。

　　生： 装修房子的时候，我见过工人在铺瓷砖，或者铺木地板。

师：诗句中说"一道残阳铺水中"，说到阳光，我就想到了一首歌——《上学歌》，会唱吗？

（学生齐声歌唱）

师：这首歌里唱的是：太阳当空——

生：照。

师：歌曲中的太阳是照着的，在三年级，我们还学过一篇课文《美丽的小兴安岭》，文中有这么一段话——（课件出示）

太阳出来了，千万缕耀眼的金光穿过树梢，照射在工人宿舍门前的草地上。

师：发现了吧，这里的太阳是——

生：照射。

师：无论是照，还是照射，太阳光都感觉怎么样？

生：太阳光很强很刺眼。

师：而此刻的"一道残阳铺水中"，你的感觉怎么样？

生：觉得太阳现在很柔和，太阳光是斜斜地洒下来，就像是铺在湖面上的金色的毯子一样，很漂亮，没有那种特别热的感觉。

师：是啊，这个"铺"字用得真好！我们再来读读这两行诗，感受感受。

（学生齐读前两行诗）

○○○○○○○

赏 析

"铺"字的教学，可谓独具匠心。王老师首先引导学生借助生活经验，让学生感受"铺"的意思；接着回顾所学的歌曲《上学歌》、所学的课文《美丽的小兴安岭》，品读其中的相关语句，比较"铺"与"照""照射"的不同，感受傍晚时分夕阳照射的角度。正是因为层层推进，学生的理解才更加轻松了。

活动二：展开想象，读出丰富的画面

师：阳光斜斜地洒下来，江面多美啊！呈现出了两种不同的颜色，一种是红色，一种是——

生：青绿色，"半江瑟瑟"的"瑟瑟"就说明是青绿色的。

师：让我们想象着画面，再读读这两行诗吧。

（学生齐读前两行诗）

师：说说你想象到的画面。

生：阳光照射的江面是红色的，没有照到的江面是绿色的。

师："半江瑟瑟半江红"，多美的景象啊！让我们多欣赏一会儿吧。就站到这儿欣赏，半个小时过去了，一个小时过去了，你眼中的景象会有什么变化吗？

生：太阳慢慢下落，江面上的红色就变少了，青绿色变多了。

生：再后来，太阳落山了之后，江面就没有红色了，只剩下了青绿色。

师：是啊，持续地观察让我们看到了更加丰富的景象，傍晚的江边，景色可真美啊！让我们继续欣赏傍晚江边的美景吧！随着时间的推移，虽然看不到"半江瑟瑟半江红"的景象了，但是抬起头，你会看到——

生：天空中的月亮。

师：月亮像什么呀？

生：像弓。

师：再看看地上，露珠像什么？

生：珍珠。

师：作者的表达多么生动啊！我们一起来读读最后两行诗。

生：可怜九月初三夜，露似真珠月似弓。

师：大家读得流畅，但还不够好。珍珠，有同学见过吗？

生：我见过，是透明圆润的，我妈妈就有珍珠项链，珍珠很漂亮。

生：我家也有，是我妈妈的，珍珠吊坠，白色的。

师：想象着珍珠的样子，我们再来读读这两行诗吧。

（教师指名多人朗读，并及时点评。）

赏 析

古诗的教学能否落实语文要素？很多老师都深感困惑。今天，王老师为我们作出了直观的示范。《暮江吟》是四年级上册第三单元《古诗三首》中的第一首诗。这一单元的语文要素是"体会文章准确生动的表达，感受作者连续细致的观察"。如何"感受作者连续细致的观察"？王老师结合古诗的特点，引发学生的想象："'半江瑟瑟半江红'，多美的景象啊！让我们多欣赏一会儿吧。就站到这儿欣赏，半个小时过去了，一个小时过去了，你眼中的景象会有什么变化吗？"这样进行教学，学生不仅通过想象感受到了更丰富的画面，而且感受到了连续观察的效果，有效落实了本单元的语文要素。

活动三：链接诗句，体会比喻的妙用

师： 大家读得非常好。在作者笔下，露水就像是珍珠，这样的比喻多么生动形象啊！那月亮呢？又像是什么呢？

生： 月亮像弓一样。

师： 同学们，在诗人的笔下，月亮还会像什么呢？回想一下，你们读过的哪首诗里面也把月亮比作了什么？

生：《古朗月行》里面把月亮比作了白玉盘。

师： 圆圆的月亮，所以作者比作了白玉盘。谁会背这首诗？我们一起来背诵背诵吧。

（学生齐背《古朗月行》）

师： 月有阴晴圆缺，观察的时间不同，看到的月亮可能就不同了，诗人笔下的月亮还会是什么样的呢？

生： 月亮会像弯钩一样，李贺的《马诗》里面有句诗："大漠沙如雪，燕山月似钩。"

师： 大家会背诵这首诗吗？我们一起来背一背。

（学生齐声背诵《马诗》）

ooooooo

赏析

"露似真珠月似弓",《暮江吟》一诗中的月亮像弓,作者的比喻很形象,那么,其他诗人笔下的月亮又像什么呢?王老师引导学生回顾李白的《古朗月行》,背诵李贺的《马诗》,于是,学生看到了不同诗人笔下不同形状的月亮,这也为后面自己的表达作好了铺垫。

活动四:融通学科,体会创编的乐趣

师: 同学们,大家都上过科学课,能不能判断一下,这弯钩一样的月亮,可能是这个月农历什么时间出现的?

生: 我觉得应该是每月的月初或者月末。

师: 他说的对吗?来,王老师出示一张图片,大家对照对照,判断一下。(课件出示)

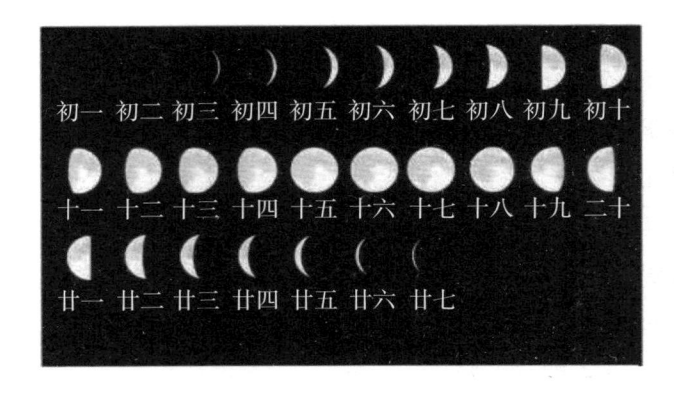

(说明:初一、初二肉眼一般看不见月亮,也看不出区别。)

生: 他说的是对的。在初三、初四的时候,都可以说月似弓,廿六、廿七时,也可以这么说。

师: 大家再看看,十五、十六的时候,月亮像什么?还有其他时间呢,又像是什么呢?其实,这两行诗我们还可以这样写——

生: 可怜九月十六夜,露似真珠月似盘。

师：掌声送给他，这是我们班的第一位小诗人，说得特别好！

生：我想的是：可怜九月十五夜，露似真珠月似盘。

师：很好！还有其他的吗？

生：可怜九月十二夜，露似真珠月似石。

生：可怜九月初八夜，露似真珠月似船。

生：可怜九月初九夜，露似真珠月似瓜。

师：有点像，就是刚刚切好的西瓜。

生：可怜九月廿七夜，露似真珠月似眉。

生：可怜九月廿一夜，露似真珠月似饼。

师：我们请这些同学到前面来，按照日期的前后顺序站成一排，依次来读一读自己写的诗句，感受感受连续观察的效果。

（学生到讲台前，排好顺序朗读自己写的诗句。）

师：大家的观察很细致，写得很有意思。大家笔下的月亮，像是船，像是瓜，像是眉，诗人白居易会写的，大家也都会写了。同学们，以前可能你们学古诗的时候觉得很难、很枯燥，今天学习古诗有什么感受？

生：我觉得学古诗很有意思、很轻松。

生：我觉得学古诗不仅可以理解意思，还可以自己创编，学古诗并不可怕。

师：是啊，今天，当我们走在江边，看到夕阳下的江面时，我们就可以脱口而出——

生：一道残阳铺水中，半江瑟瑟半江红。

师：是啊，我们不仅可以理解古诗，还可以在生活中用上有些诗句呢。来，我们试着表演一下吧。我找一位同学上台来，傍晚时分，我们俩在江边散步时遇到了。

师：这里的景色可真美啊！

生：一道残阳铺水中，半江瑟瑟半江红。

师：你说的这是哪首诗中的句子啊？

生：白居易的《暮江吟》中的。

师："半江瑟瑟半江红"，你说江水的颜色是"瑟瑟"，是什么意思啊？

生："瑟瑟"就是青绿色。

师：这首诗后面还有吗？你能不能告诉我？

生：可怜九月初三夜，露似真珠月似弓。

师："九月初三夜"，"露似真珠月似弓"，挺美的啊，你怎么说"九月初三夜"可怜呢？

生：在古时候，"可怜"的意思就是可爱。

师：哦，原来"可怜"就是可爱啊，跟现在的"可怜"一点儿都不一样了。

师：我们把掌声送给这位同学，表演得很好。同学们，我们不仅可以朗读、背诵诗歌，可以把诗中的景象画出来，还可以用现代文来改写这首诗，把诗中的景象描绘出来。这节课就要下课了，课后就请同学们试着改写这首诗，同时为这首诗配上一幅画吧。这节课就上到这里，下课。

赏 析

这一环节的教学叫人不由得拍手叫绝！我们总以为古诗的教学只能是理解、赏析，原来还可以进行语言的运用。王老师将科学课上的月相图引入了语文课。跨越学科之后，月相图成为了语用的素材，为学生的语言表达扫清了障碍。不过，更精妙的还在后面，在学生进行了语言运用之后，王老师请学生按照时间的先后顺序站成一排，依次来读自己所写的诗句。这样，学生不仅展示了自己语言表达的成果，而且再一次感受到了连续观察的效果。

总评

上好诗词课，不容易。王林波老师的《暮江吟》一课却给我这样强烈的感受：清清的，轻轻的，青青的。

清清的，是说本课的教学内容和教学流程。我们可以看到，本节课有三大任务：背诵相关古诗，理解诗题大意；了解诗句大意，感受诗歌押韵；品析重点词语，学习观察和表达方法。每个任务都有几个与之紧密相关的学习活动作为支撑。这样的教学内容安排全都聚焦于诗词的理解与积累，聚焦于学生语言文字运用能力的提升，显得清清爽爽。

当然，本课也不缺旁逸斜出。理解诗题中的"吟"，从《游子吟》《石灰吟》拓展而来；辨析"墓""幕""慕""暮"几个字的字形；引入《上学歌》《美丽的小兴安岭》中的"照"和"照射"，与诗中的"铺"对比；乃至科学课里的月之盈亏也被王老师引进课堂，让学生观察、联想……看上去是横生枝蔓，实际都是紧紧围绕其预先设定的内容展开的。

轻轻的，是说教师的课堂对话艺术。在本课的文字实录里，我们仿佛看到王老师像邻家大哥一样，轻松、亲切，同时又不乏机敏与幽默。我们来看这一环节：

师：资料中说了，相传街边老妪也能听懂，知道"老妪"指的是什么吗？

生：可能是小朋友和老人。

生：可能是老爷爷或者是老奶奶。

师：大家注意一下，这个"妪"是女字旁，前边有个字是"老"，再想想。

生：老妪应该是老太太。

师：这位同学很善于学习，值得表扬。白居易写的诗歌，街边的老太太都能懂得是什么意思，那你们呢？你们可是小学生啊，天天都在学习。

生：我们也会。

师：大家挺有自信的，我来考一考。"一道残阳铺水中"，"残阳"是什么意思？

生："残阳"就是夕阳的意思，一看课文插图就明白了。

师：是啊，学古诗除了看注释，还可以看插图。来，我们继续看，"半江瑟瑟半江红"，"瑟瑟"是什么意思？

生：青绿色，注释中就有。

师："可怜九月初三夜"，"可怜"是什么意思？

生：可爱的意思，我也是看注释理解的。

师："可怜"现在的意思跟过去可不一样。这位同学请起立，大家看这个女生多可爱啊，但如果今天你一见到她，就说"你好可怜啊"，行吗？

（众生大笑）

师：最后一行诗"露似真珠月似弓"，这里的"真珠"其实就是——

生：珍珠。

引领学生理解"老妪"一词，先是让学生猜一猜，再引导学生关注女字旁，于是学生轻松达成理解目标；由此，王老师顺势一问，"街边的老太太都能懂得是什么意思，那你们呢"，暗示了白居易诗作浅显易懂的特点，激起了学生自主理解诗句的欲望和信心。理解诗中的"可怜"二字，则是就地取"材"，以一女生为例，让学生于轻松的氛围中顿悟这一词的古今异义现象。这样的师生对话，轻轻巧巧，流转自如，展示了执教者的智慧。一节好课离不开精巧、周到的预设，但如果课堂实施中缺乏灵动的对话艺术，很多时候仍然会困难重重，举步维艰。

青青的，则是说王老师课堂上扎实的学法指导极具生长性。由理解"吟"导出"学古诗要看注释"；根据汉字形旁猜测意义；由"'半江瑟瑟半江红'的景象，看得久了景象就会有变化"，老师巧妙指出"持续地观察让我们看到了更加丰富的景象"……每一次学法的揭示自然而然又巧妙无痕。这里要多说几句的是，请不要认为这些全是课堂的临时生成。本课结尾处，王老师用"表演"的方式检查学生古诗背诵、运用以及理解（让人联想起于永正老师的经典课例《草》），进而总结"可以朗读、背诵诗歌，可以把诗中的景象画出来，还可以用现代文来改写这首诗，把诗中的景象描绘出来",可以看出王老师有着强烈的学法指导意识。教,是为了不教。学生通过学习一首诗,掌握一些基本方法,再学习更多的诗,这样的课堂显出一种看得见的青青生机。

"可怜九月初三夜","可怜"一堂《暮江吟》。

广东省东莞市莞城中心小学　彭才华(全国十大青年名师)

在静与动的对比中感受表达魅力
——《鸟的天堂》教学实录

执教者：王林波

任务一：回顾旅程，完成"鸟的天堂"照片的配音

活动一：回顾旅程，交流旅行记录卡

师：同学们，今天这节课我们将继续跟着课本去旅行，昨天我们已经来到了广东，看到了鸟的天堂。来，我们先回顾一下昨天所看到的景象，说说我们的旅行记录卡是怎么记录的。

生：时间是晚饭后，也就是傍晚。

生：人物是作者和他的朋友们。

生：交通工具是小船。

生：印象最深刻的景物是那棵大榕树。

师：很好！我们在旅行的时候，要及时做好旅行记录，以后回想起来，是非常美好的。刚才大家说到了对那棵大榕树印象很深，你们看，这就是那棵大榕树。（课件出示大榕树的图片）

师：说到这棵大榕树，你们有没有想到哪个词来形容它？

生：高大。

生：葱郁。

生：茂盛。

生：层峦叠翠。

师：很好，课文中的词也可以用。

生：美丽。

生：树叶一簇堆着一簇。

生：枝干不可计数。

师：这就是那棵茂盛的大榕树，我把它的名字写下来，大家再读读——

生：（齐）大榕树。

活动二：反复练读，为照片配解说词

师：这棵茂盛的大榕树安静地长在这里，样子真美，很多到这里旅行的人都会拍照作为纪念。就这张大榕树的照片，如果要配上一段解说词的话，你们觉得课文中的哪些自然段就比较合适？赶快打开书再看看吧。

生：第7~8自然段。

师：同学们想想看，这棵大榕树安安静静地长在这里，为这样的照片解说，如果要配上一段音乐，你们会选择什么风格的音乐？

生：音乐应该比较轻柔一些，节奏不能太欢快了。

师：好的，下面王老师为这张照片配上轻柔一些的音乐，同学们自己先练习着读一读，找找感觉。

（学生看着照片，听着音乐，自己练习读。）

师：我们来试试吧，和着音乐，为这张照片配解说词，王老师会拿出手机来为你们录制视频。谁第一个来为照片配解说词？

（一女生上台，配乐读文，教师录制视频。）

师：好，读得不错，配解说词比较成功。大家有没有什么好的建议给她啊？

生：这位同学表现挺好的，不过我还有个小建议。我之前学过主持，我觉得她不能一直看着书来读，要适当地看看下面的同学。

师：非常专业的建议，很好！还有吗？

生：我觉得可以再慢一些，抒情一些，这样大家就能想象到当时的景象了。

师：非常好！这样吧，一会儿我们在配解说词时，以第8自然段为重点。下面，王老师再给大家一些时间练习读一读，最好能够背下来，那样就不用一直看着书了。

（学生练习背诵）

师：谁来试试？没有完全背下来也没有关系，可以偶尔看看书。这位同学上台了，我们把鼓励的掌声送给她！大家还有什么要提醒她的吗？

生：要读得慢一些，抒情一些。

生：要尽量看着下面的同学，要注意速度，跟背景音乐配合好。

师：来，开始吧，王老师为你录制视频。

（学生配乐解说，教师录制视频。）

○ ○ ○ ○ ○ ○ ○
赏 析

该环节教师设置了学生经常用到的"旅行"这一情境，"旅行记录卡"的交流一下子进入了教学的重点，干净利索，直奔主题。活动二的设计更是让人眼前一亮，为图片配解说词，老师配乐、录制视频等实践活动，让课文文字和图画"活"起来，让学生在新鲜而又熟悉的场景中"练"起来，真正落实了"新课标"提到的"用口头或者书面的方式表达对自然的观察与体验，抒发自己的情感"这一要求。

任务二：继续旅行，完成"鸟的天堂"视频的配音

活动一：迁移方法，完成旅行记录卡

师：掌声送给她！非常好！这是昨天我们的旅行记录，今天我们还将继续我们的旅行。下面请同学们运用昨天做旅行记录的方法，边读课文第

10~14自然段，边找出重点信息，完成旅行记录卡。

（学生阅读课文，获取信息，完成旅行记录卡。）

师：下面来分享一下你们完成的旅行记录卡。这一次，我们旅行的时间是——

生：这一次是在早晨。

师：跟上次不一样了，还记得上次是什么时候吗？

生：上一次是吃过晚饭之后。

师：对，很好！这次的人员呢？

生：人员还是作者巴金和他的朋友们。

生：交通工具还是小船。

师：人员和交通工具都没有变，那印象最深刻的事物变了吗？

生：这一次他们印象深刻的事物是鸟儿们，上一次是那棵大榕树。

活动二：想象情景，感受热闹的场景

师：是啊，上次的那棵大榕树非常茂盛，让人印象深刻。这次印象深刻的是小鸟们，让我们来读读下面这段写小鸟的话吧。（课件出示）

起初周围是静寂的。后来忽然起了一声鸟叫。我们把手一拍，便看见一只大鸟飞了起来。接着又看见第二只，第三只。我们继续拍掌，树上就变得热闹了，到处都是鸟声，到处都是鸟影。大的，小的，花的，黑的，有的站在树枝上叫，有的飞起来，有的在扑翅膀。

（学生自己读这段话）

师：小鸟们给大家留下了怎样的印象？你能不能从这段话中找到一个词来形容一下？

生：我选用的词语是"热闹"。

师：是啊，那场景多热闹啊！同学们，热闹的场景大家是很熟悉的，比如说下课后的操场上，是不是热闹非凡啊？同学们玩什么的都有，太热闹了！读这段话，我们就要去想象那热闹的场景，不能只读文字，要想象画面。说说看，读到这段话时，你看到了怎样的景象？

生：我看到了一棵大榕树上有许多的鸟，鸟有各种各样的，颜色很多，在自由自在地飞。

生：我仿佛看到了有一大群鸟从榕树上向天空飞去，很壮观。

生：鸟的颜色也很多，有花的，还有黑的，还有很多颜色很鲜艳的。

生：鸟儿们的动作也不一样，有的站在树枝上叫，有的飞起来，有的在扑翅膀。

师：真好，大家看到了丰富的画面。其实，读文学作品不只是要去想画面，还可以去听听文字背后的声音。竖起耳朵，你听到了什么？

生：我听到了许多的鸟叫声。

师：比如呢？你听到的是什么样的声音？

生：清脆的声音。

师："清脆"这个词用得很好！

生：还有明快的叫声、悦耳的叫声。

生：我还听到了鸟儿们扑扇翅膀的声音。

生：我还听到了河水哗哗流动的声音。

生：还有树叶沙沙的声音。

师：声音特别丰富，大家很会读书！不过，好像有个很重要的声音，大家忽视了。大家看，鸟的叫声有了，河水流动声、风吹树叶声都有了，难道就没有人的声音吗？看到这鸟的天堂，作者和他的朋友们会发出什么声音呢？

生：我还能听到作者和他的朋友们拍手的声音，还有欢呼的声音。

生：作者肯定很开心，很惊讶，所以他肯定会这样一边拍手一边说：哇……

师：对，每个人的表现方式不一样，拍掌的速度不一样，掌声大小也不一样，甚至连惊叹的声音都不一样。来，这边同学你们先试试，现在你们就是巴金和他的朋友们，我看你们的尖叫声是什么样的。来，一、二、三，开始！

（学生拍手欢呼）

师：好像还不够，我相信后两组同学比你们厉害多了，不信你们看，三、二、一，开始！

（教师引导后两组同学拍手欢呼，然后全班拍手欢呼。）

师：刚才有一位同学的声音很大，喊的是什么啊？

生：哇！飞起来吧！

师：确实很激动，场面很热闹。来，我们读读这段话吧。

（学生齐读这段话）

师：这段话描写的场景热闹极了，"我们继续拍掌，树上就变得热闹了，到处都是鸟声，到处都是鸟影"——

生：大的，小的，花的，黑的。

师：是呀！到处都是鸟影——

生：有的站在树枝上叫，有的飞起来，有的在扑翅膀。

师：特别好！你们看，我们两个合作特别默契。下面同桌两个人合作着读一读这段话，感受感受这热闹的景象。

（同桌合作练读）

师：怎么样，练得差不多了吧？哪对同桌来读一读？

生：我们继续拍掌，树上就变得热闹了，到处都是鸟声，到处都是鸟影——

生：大的，小的，花的，黑的。

生：到处都是鸟影——

生：有的站在树枝上叫，有的飞起来，有的在扑翅膀。

师：掌声送给他们，非常好！刚才这段话里写的是"到处都是鸟声，到处都是鸟影"，我们看到鸟影了，还应该有什么呀？

生：鸟声。

师：那鸟声会是什么样的呢？我们试着写出鸟儿们欢叫的样子来吧。（课件出示）

到处都是鸟声，_____的，_____的，_____的，_____的，有的_____，有的_____，有的_____。

（学生动笔写）

师：写好了吧，谁来分享给大家听听？让我们感受一下动态之美。

生：到处都是鸟声，清脆的，婉转的，明亮的，有的在枝头鸣叫，有的在空中高飞，有的在水边戏水。

师：掌声送给他，非常好！谁来继续分享？

生：到处都是鸟声，亮的，尖的，浑厚的，低沉的，有的飞在空中叫，有的站在枝头上，有的扑着翅膀唱着欢迎之歌。

师：是欢迎作者他们到来吧，非常好！还有吗？

生：到处都是鸟声，唱的，叫的，清脆的，明亮的，有的如同美妙的歌曲，有的如同兴奋的呐喊，有的如同悠长的吟诵。

师：掌声送给这几位同学，写得太好了，让我们感受到了此刻的动态美。

活动三：反复练读，为视频配解说词

师：同学们，刚刚我们给大榕树配的是一张图片，给这段文字，我们不再配图片了，猜猜我会配什么。

生：配视频，因为这段话是动态描写，写出了热闹的场景。

师：确实如此，王老师真的准备了视频，但是你们得先练习着读读这段话，读得好了，配解说词效果才会更好。

（学生练习朗读这段话）

师：大家练得非常认真，特别好！跟视频配合，我建议大家要控制一下自己的速度，最好是读完最后一句的时候，刚好视频也结束了，那就特别完美了。我播放一下视频，你们可以先看着视频试着练一练，注意控制一下速度。开始练习吧。

（学生看着视频练习配解说词）

师： 谁来展示一下？你为视频配解说词，我来为你拍摄。现在，我就是摄像师了。解说员，你准备好了就向我点头示意。

（学生朗诵配解说词，教师摄像。）

师： 非常好！掌声送给她，真的特别棒！你刚才的表现非常出色，你能不能帮我再推荐一位同学配解说词？

（该生指名推荐一位同学）

师： 好的，你有没有什么建议给他啊？

生： 视频一开始没有声音，和课文中的"起初周围是静寂的"正好一样，你读的时候要注意，你读下一句"后来忽然起了一声鸟叫"时，视频中正好就发出了鸟叫声，要刚好卡在一起。

师： 对，要控制好速度，你作好准备了没有？咱们准备开始吧。

（学生朗诵配解说词，教师摄像。）

赏 析

该环节的目标是"完成'鸟的天堂'视频的配音"，教师设计了三项活动，每项活动环环相扣。首先，教师让学生运用之前学过的做旅行记录的方法，读课文找重点信息。此活动直奔重点段落，完成朗读课文、理解课文内容的任务。其次，关注"小鸟"，想象画面，紧扣"热闹"，设置多种情境，让学生深入体会课文内容，仿写的练习更是落实了单元语文要素——"动态之美"。最后，为视频配解说词，也是对"动态美"的拓展延伸。一步一步，学练结合，润物无声，水到渠成。

任务三：展开想象，呈现"鸟的天堂"的生机

师： 也非常好，掌声送给他。这就是鸟的天堂，让我们印象非常深刻。在这里，你能看到很多很多鸟，你会有一种感觉——

生： 应接不暇。

师：是啊，看清了这一只，结果——

生：又错过了那只。

师：看见了那一只——

生：另一只又飞起来了。

师：明白"应接不暇"的意思了吧？

生：就是多得根本看不过来。

师：联系上下文，我们就理解了应接不暇的意思。同学们，这个"暇"字是本课的生字，看一看是什么偏旁。

生：日字旁。

师：对，日字旁跟什么有关？

生：跟时间有关。就是说我们没有那么多时间，顾不上去看，眼睛忙不过来了。

师：在我们看的所有鸟中，有一种让我们印象非常深刻，是——

生：画眉鸟。

师：对，"眉"是本课的生字，看看老师是怎么写的。我们先写上半部分，注意竖撇要长一些，下面是一个"目"。每个人都有眉毛，妈妈早上可能还会——

生：画眉。

师：这个"画眉"和文中的"画眉"可不一样。文中的画眉叫声很好听，不过有些胆小，一起读——

生：（齐）一只画眉飞了出来，被我们的掌声一吓，又飞进了叶丛，站在一根小枝上兴奋地叫着，那歌声真好听。

师：画眉鸟有胆小的，也有——

生：胆大的，不怕人的。

师：有时候，可能会飞来一只画眉，有时候还可能——

生：飞来三五只画眉，甚至飞来一群画眉。

师：对，三只、五只、一群都有可能。来，让我们用动态描写去写一写画眉鸟飞来时的样子吧。（课件出示）

_____只画眉飞了出来，我们响起了掌声，它们_____

_____。

（学生动笔写）

师：怎么样了？写好的同学可以举手，我们交流交流。

生：好几只画眉飞了出来，我们响起了掌声。它们听到我们的掌声，不但没有害怕，反而高兴地朝我们飞来，在我们的头顶徘徊。

师：非常好，掌声送给他！这位同学写出了动态之美，值得表扬！

生：几只画眉飞了出来，我们响起了掌声，它们一点也不怕人，在我们的头顶上徘徊，欢快地唱起歌来。

生：几只画眉飞了出来，我们响起了掌声，它们一点也不怕人，在我们的身边飞来飞去，还唱着歌，好像是让我们欣赏它们的演出呢！

师：来，那你就夸一下它们吧！

生：小画眉，你们的歌声真好听，舞姿真优美！

师：同学们用动态描写更加充分地展现出了鸟儿们自由自在生活的场景，这里的确是鸟的天堂啊！

○ ○ ○ ○ ○ ○ ○

赏 析

"新课标"中提到"在真实的语言文字运用情境中独立识字与写字"。教师深刻领悟课标精神，虽然是第二课时，但在教学时依然引导学生学写生字，联系上下文理解词语意思。而且很巧妙地让学生发挥想象，进行了再次仿写，借助"一只画眉"的表现，进行创意表达，采用点面结合的方式，再次强化动态描写在文中的作用。

任务四：引发思考，体会"鸟的天堂"的涵义

师：看到这样的景象，我相信所有同学跟作者的感受是一样的，你们愿意离开吗？课文中用到了一个什么词？

生：留恋。

师：留恋就是不想走，我相信看到这么美好和谐的画面，我们每个人都不想走。这段话中写道——（课件出示）

当小船向着高塔下面的乡村划去的时候，我回头看那被抛在后面的茂盛的榕树。我感到一点儿留恋。昨天是我的眼睛骗了我，那"鸟的天堂"的确是鸟的天堂啊！

（学生齐读这段话）

师：这里有句话说"昨天是我的眼睛骗了我"，我突然想到一个问题，是作者的眼睛骗了他吗？到底是什么骗了他？请同学们联系前文，读一读，想一想。

（学生默读思考）

生：我觉得是这棵茂盛的大榕树骗了作者。大榕树太茂盛了，鸟儿们住在里面，我们根本就看不到。

师：是啊，其实不怪他的眼睛，就怪这棵大榕树太茂盛了！我们去估计也是一样，只会看到那棵大榕树。咱们开课的时候，大家用到了很多词来形容大榕树，还记得吗？

生：茂盛、枝繁叶茂、枝干不可计数。

师：是的，就是因为大榕树长得实在太茂盛了，鸟儿们生活在里边才会非常安全，一般人很难发现它们。同学们，我们再来看这句话："昨天是我的眼睛骗了我，那'鸟的天堂'的确是鸟的天堂啊！"在这句话中，大家发现了什么特殊之处？（指一生）来，你说。

生：这句话里面有两个"鸟的天堂"。

师：我要表扬这位同学，特别善于发现，确实有两个"鸟的天堂"，有什么不同之处吗？

生：有一个"鸟的天堂"加了双引号。

师：对，有什么想问的问题吗？

生：为什么一个"鸟的天堂"加了双引号，另外一个没有加？

师：对啊，你还想问的是什么？

生：加引号的"鸟的天堂"指的是什么？没有加引号的"鸟的天堂"指的是什么？

师：是的，到底怎么回事？同桌讨论讨论。

（同桌讨论）

师：来说说你是怎么理解的吧。

生：第一个"鸟的天堂"加了双引号，我认为指的是那棵大榕树，第二个没加引号的"鸟的天堂"是说鸟儿们在那里生活得很快乐，自由自在的，很幸福。

生：它们生活得悠闲自在、无拘无束、无忧无虑，就像是它们的天堂一样。

师：特别好，在这里，鸟儿们是自由自在的，无忧无虑的，无拘无束的，所以这里被称作了——

生：（齐）鸟的天堂。

师：有一本书，名字也叫《鸟的天堂》，这本书的作者是——

生：巴金。

师：课后，希望同学们读一读这本书。同时，像今天课堂上那几位同学一样，为照片和视频配上解说，录制成视频。同学们，今天我们的旅行就要结束了，再见！

○ ○ ○ ○ ○ ○ ○

赏 析

课文最后一段作者发出感叹："那'鸟的天堂'的确是鸟的天堂啊！"教师引导学生联系前文深入思考作者如此感叹的原因，明确文中加引号的"鸟的天堂"和不加引号的"鸟的天堂"表达的意思分别是什么。由此，教师也真正让学生将文章读深、读厚，读懂文字背后的意思，真正培养学生的语文核心素养。

总评

《鸟的天堂》是五年级上册第七单元第三篇课文，单元语文要素是："初步体会课文中的静态描写和动态描写。"《鸟的天堂》记叙了作者和朋友两次经过"鸟的天堂"时见到的不同景象，以动静对比的手法，具体描写了傍晚静态的榕树和第二天早晨榕树上群鸟活动的情景。不论是对榕树静态的描写，还是对鸟儿们活动场面的描写，都表达了作者对大自然生命的热爱和赞美。

五上第七单元是小学阶段第一次集中训练学生的文学品鉴能力，《鸟的天堂》也是很好地落实"新课标"中"文学阅读与创意表达"学习任务群的一篇文章。如何在现行的语文教材中落实"新课标"理念一直是一线教师困惑的问题。王老师的这节课，在"新课标"与统编教材教学的有效融合上给我们起到了很好的示范作用。

一、落实"新课标"精神，情境创设贯穿始终

"新课标"对"文学阅读与创意表达"学习任务群是这样界定的："本学习任务群旨在引导学生在语文实践活动中，通过整体感知、联想想象，感受文学语言和形象的独特魅力，获得个性化的审美体验；了解文学作品的基本特点，欣赏和评价语言文学作品，提高审美品位；观察、感受自然与社会，表达自己独特的体验与思考，尝试创作文学作品。"

观照整节课，王老师处处落实"新课标"精神。比如，从完成"鸟的天堂"照片的配音，完成"鸟的天堂"视频的配音，到最后的阅读整本书，为照片和视频配上解说，录制成视频，这些情境的创设贯穿始终。而且全都站在学生的角度，都是他们既熟悉又陌生，但又愿意去尝试的实践活动，这样才能让学生在"具体的语言情境中有效交流沟通"。从课堂的呈现上，我们会发现，学生的思维是多维的，语言是丰富的，想象是开放的，体验

是独特的。

二、紧扣单元要素，动静对比中学表达

这篇课文的学习目标，一是让学生体会景物的静态美和动态美，学习静态描写和动态描写；二是引导学生通过阅读想象画面，感受大自然的勃勃生机。整节课，王老师紧扣单元要素，教给学生动态描写的方法，引导学生体会动态描写的作用，学以致用，创意表达。

比如，王老师在教学第二部分动态描写时，虽然作者出神入化地刻画了"天堂"里的鸟声、鸟形、鸟姿、鸟影，创造了一个群鸟或飞或鸣的动人情景，但王老师只引导学生紧扣住"热闹"这个词语，提示学生"不能只读文字，要想象画面"，让学生先竖耳倾听，发挥想象，再加上人的鼓掌与欢呼等表现，从而理解"鸟的天堂"如何由"静寂"到"热闹"，作者如何写出鸟多而热闹，如何用"大的，小的，花的，黑的"写出鸟大小不一、颜色各异等。再加上两次练笔，直接进行语言的运用，学用结合，仿说仿练，给了学生充分的时间和空间，创意表达水到渠成。

《鸟的天堂》是一篇经典课文，很多名师都上过，但能将"新课标"理念与统编语文教材教学融合得如此融洽的课还真不多见！本节课是第二课时，王老师如果在开课伊始能交代清楚第一课时的教学内容，可能会让听者思路更加清晰；课后还有"阅读链接"的内容，如果能有效地融入到课堂教学中，将有助于学生感受巴金散文自然真挚的语言风格，加深理解本课所表达的对自然与生命的真挚情感。

河南省商丘市文化路小学　李斩棘（正高级教师）

聚焦语言文字，感受文学阅读的魅力
——《四季之美》教学实录

执教者：杨修宝

任务一：初读文——发现文章特点

师：（播放四季迷人风光视频）看过了之后，你知道这是——

生：四季之美。

师：好，齐读课题。

生：（齐）四季之美。

师：干净利索，再读一遍。

生：（齐）四季之美。

师：带着你读过课文的感受，再读一遍课题。

生：（齐）四季之美。

师：很好，学课文从题目开始。课前同学们都读过课文了，读过课文之后，一定有四句话留在了你们的脑海中，是哪四句？

生：分别是"春天最美是黎明""夏天最美是夜晚""秋天最美是黄昏""冬天最美是早晨"。

（课件出示四句话）

师：我们先来完成第一个学习任务。五年级的同学，拿到一篇课文，读过一遍就能够发现这篇文章的特点。

生：我发现这是一篇写景的散文。

师：知道了文章的体裁。再看这四句话，你发现了什么写作特点？

生：我发现这篇《四季之美》作者是通过春、夏、秋、冬四个季节进行描写的，是按照时间顺序写的。

师：你第一眼就看出这是时间顺序，语感特别好。第二还能看出什么？

生：还能看出各个季节最美的时间是什么时候。

师：具体是什么时候，这还是在谈论时间。

师：（指另一生）请你说。

生：看原文的话，这四句话都是总起句。

师：这位同学发现了总起句，每一句都是这一段话的总起句。

生：我发现春夏秋冬各一段，都差不多。

师：他发现这四个段落是并列的结构。我们在《美丽的小兴安岭》这一课读过这样的段落。五年级的同学，就应该有这样的能力。初读课文就能发现文章的基本特点，因为发现并掌握了基本特点，我们就会运用了。这四句是作者眼中的四季之美，如果让你也仿照这样的方法来写你眼中的四季之美，你都会写什么呢？

生：我会写春天、夏天、秋天、冬天分别有什么典型的事物。

师：比如说春天……

生：比如说春天有美丽的花和草，夏天有湖泊，秋天有枫树林，冬天有雪。

师：你们也这样想，好多人都会这样想，是吧？

生：对。

师：你们看，我们也可以模仿着这样去写，发现了特点、掌握了特点，才能用明白。杨老师再教你们一招。我们在写四季的时候，还可以抓住一个事物来写，就像《美丽的小兴安岭》那课一样，每一段开头都在写树，我们写四季，每段开头都可以写太阳。春天可以写什么？

生：（齐）暖阳。

师：夏天？

生：（齐）艳阳。

师：秋天？

生：（齐）黄昏。

师：什么阳？

生：（齐）夕阳。

师：冬天，写什么阳？

生：冷阳。

师：我第一次听说还有冷阳。（众生笑）大家的答案都可以，因为没有固定的答案。

（课件出示：春日艳阳、夏日朝阳、秋日夕阳、冬日暖阳。学生读。）

赏 析

导入新课原来可以如此不简单，短短几分钟的时间里，杨老师不仅引导学生抓住课文中的关键句，了解了课文大意，同时还关联之前所学的课文，巩固了一段话围绕一个意思来表达的方法。更为可贵的是，杨老师引导学生说出自己如果写四季之美，会抓住哪些事物的什么特点来写，指向了语言运用这一语文教学的核心素养。这样的导入，值得细细品味。

师：只要你写出事物的变化就好，这些都是四季之美。大家都读了课文，那我们眼中的四季之美，作者写了吗？

生：没有。

师：作者没有写春有百花秋有月，夏有凉风冬有雪，没写这些常人眼中的四季之美；没写春天生机勃勃，夏天骄阳似火，更没写秋天硕果累累，也没写冬天白雪皑皑。那作者写了什么呀？现在请你们打开书，圈画出作者在每个季节里所写的景物，看看每一个季节都写了什么。

（学生自由读文，在书上圈画。）

师：（巡视指导，对一生说）画完了？你真快！你没画全呢，每个季节里所写的景物，都要画出来。

师：画完了你就抬头看我，我就知道你画完了。

（学生读课文、圈画，教师巡视指导。）

师：都画完了？

生：画完了。

师：你来说吧。

生：春天勾画的是"天空"和"红晕"，夏天勾画的是"萤火虫"和"微光"，秋天勾画的是"归鸦""大雁""风声"和"虫鸣"，冬天勾画的是"白霜""炭火"和"白灰"。

师：同学们，你们画的也是这些吗？（课件出示）对照看看，有遗漏的自己补充上。

> 春天黎明，红晕彩云鱼肚天空
> 夏天夜晚，雨夜朦胧萤火飞行
> 秋天黄昏，归鸦飞雁风声虫鸣
> 冬天早晨，落雪白霜炭火逸情

师：我们一起读一遍，预备，开始。

（学生齐读）

师：同学们，这是一篇写景的散文。这样的文章，抓住了所写的事物，也就抓住了这篇课文的主要内容，请同学们记住这个方法。小学阶段学习散文，杨老师教你们三招：读词、读文、读人。第一读词，就是看一看作者都运用了哪些词语，词语的妙用非常关键。第二读文，要读读语段，看语段中文字的背后有什么意思，作者表达的是怎样的情感。第三读人，"读一文，近一人"，透过文字，你觉得作者会是一个怎样的人，尝试走进他的内心，初步体会他的写作特点和风格。

> **赏析**
>
> 作者笔下的四季之美都写到了哪些景物呢？当学生勾画出课文中相关的信息时，就与自己刚才的设想形成了鲜明的对比。这样，学生很轻松地就发现了作者另辟蹊径，避开常人眼中的四季之美来表达的独特视角。这里还有一个小细节也值得我们关注：杨老师引导学生对照课件内容，请有遗漏的同学完善信息。这是很重要的。在课堂上，我们要关注的是全体学生，让每一个孩子都能跟上教学的进程。

任务二：读词语——发现动态之美

师：现在请你再来默读课文，边读边圈画出你认为文章中很有特点的词语。

（学生默读课文，圈画词语。教师巡视指导。）

师：你用另一个符号来圈画，很会学习。

师：（走到一生身边）对，你觉得哪些词语很有特点，就把它圈画出来。

师：平心静气，仔细圈画，这是读书非常必要的基本功啊。

师：杨老师看到好多同学都画出了有特点的词语，用不同符号做了标记。

师：请几位同学把自己用不同符号圈画的词语按类别读一读，我们听一听。

生：请大家先看第一段，我圈画的关键词有"泛""微微""飘"；第二段的"蒙蒙细雨""朦胧"；第三段的"点点""急急匆匆""窠里"，还有"比翼而飞""夕阳西沉""心旷神怡"；第四段的"凛冽"和"闲逸的心情"，还有"扫兴"。

师：很好，好多同学也都画得差不多，是不是？杨老师帮大家归归类。

师：大家看这组词语。（课件出示词语）

一点儿一点儿　微微　红紫红紫　漆黑漆黑
翩翩　蒙蒙　点点　急急匆匆　熊熊

师：我找一位同学来读。前面的这位同学，请你来读。

（学生读）

师：同学们，这是什么词？

生：形容词。

生：叠词。

师：读这一个个叠词的时候，你觉得美吗？

生：美。

师：这就能看出来美了？

生：因为通常我们用词都比较随便，像作者写红紫红紫的彩云，我通常写就是红红的，作者却用了"红紫红紫"，是我们不常用、比较新鲜的词语，我觉得这样写比较优美。

师：当我们单独看每个词语的时候，不作比较可能就没有她这样的感受。我们把这些词放在短语里面，再来读一读，可能就有点画面了。一起读一读，开始。（课件出示短语）

微微的红晕　红紫红紫的彩云　漆黑漆黑的暗夜
蒙蒙细雨的夜晚　翩翩飞舞　点点归鸦　熊熊的炭火

（学生齐读）

师：你觉得有点美了吗？

生：有一点了。

师：有一点，但是好像还没有画面的感觉。

师：你们刚才还圈画了这样一组词语。这是什么词？（课件出示词语）

泛着　染上　飘着　飞舞　飞行　飞去　比翼齐飞　生起

生：动词。

师：大声读出这些动词。

生：（齐）泛着、染上、飘着、飞舞、飞行、飞去、比翼而飞、生起。

师：把倒数第二个词再重读一遍，不是比翼齐飞。

生：（齐）比翼而飞。

师：当你看到这些动词的时候，可能只能想到动作，没有和美联系在一起，那我们同样把它们放在短语里，读一读。（课件出示带有这些动词的短语）

泛着鱼肚色　染上红晕　飘着彩云　朝窠里飞去　生起炭火

（学生齐读）

师：你们觉得美吗？

生：有点美。

师：可能我们觉得，这些动词放在短语里面，没那么美，单独看的时候也没有画面。可是，当我们把叠词和动词放在一起的时候，奇迹就出现了，你们会发现，美出现了，画面也有了，不信你们看。

（课件出示语句）

东方一点儿一点儿泛着鱼肚色的天空

染上微微的红晕

飘着红紫红紫的彩云

无数的萤火虫翩翩飞舞

动人的是点点归鸦急急匆匆地朝窠里飞去

生起熊熊的炭火

师：能看到画面吗？

生：能。

师：那我提高点难度。请你们现在再读一遍，慢一点，我想从你们的声音里听出来你们看到的那个画面。能吗？

生：能。

师：好，开始。

师：（示范引读）东方一点儿一点儿——

生：（接读）东方一点儿一点儿泛着鱼肚色的天空……

师：同学们，你们看，当动词和叠词放在一起的时候，画面就有了，美也就出现了。我们来验证一下。（播放音乐）你们看，作者巧妙地把动词和叠词放在一起，写下了她眼中独特的春天最美之景。我们重点关注动词和叠词，一起读出这样的美来。

师：预备起——

（课件出示春天语段，学生配乐齐读。）

师：（饱含深情地读）飘着红紫红紫的彩云。

师：同学们，动词记住了吗？再看一眼，叠词记住了吗？

生：记住了。

师：动词和叠词在一起的画面，你记住了吗？

生：记住了。

师：好，那请你把这个美，印在你的心里吧，预备起——

（课件出示春天语段中的几个关键词，学生配乐背诵。）

○ ○ ○ ○ ○ ○
赏 析

字词的教学，往往显得单调枯燥。不过，这堂课上，杨老师的教学却让人耳目一新，印象深刻。杨老师结合课文内容，从词语到短语，从短语到句子，层层深入，紧密结合课文内容，不仅提高了字词的学习效率，还让词句的学习有了情感的浸润，正因为如此，学生读得更加有声有色了。

师：刚才你们还画了这几个词，一起读一遍。（课件出示）

迷人、动人、感动、心旷神怡

师：当我们读单个词语的时候，也没有画面感。可是，当动词加上叠词，再加上表达感受的词，你忽然间就发现，哦，原来作者真是厉害呀，不单单有画面，还有感情在里面呢。这回从你（指一生）开始读，来——

（课件出示语句）

生：即使是蒙蒙细雨的夜晚，也有一只两只萤火虫，闪着朦胧的微光在飞行，这情景着实迷人。

师：真好。第二句。

生：动人的是点点归鸦急急匆匆地朝窠里飞去。

师："急急匆匆地"，读一遍。

生：急急匆匆地朝窠里飞去。

师：杨老师教你们一个好办法，读文的时候，比如说"急急匆匆地"，我们要读得怎么样？

生：快一点。

师：对，读出词语的基本意思来。你能重读一遍吗？

生：动人的是点点归鸦急急匆匆地朝窠里飞去。

师：很好，有点这个意思了。

生：成群结队的大雁，在高空中比翼而飞，更是叫人感动。

师：真棒。

生：夕阳西沉，夜幕降临，那风声、虫鸣，听起来也愈发叫人心旷神怡。

师：（引读）那风声、虫鸣，听起来也愈发叫人——

生：（接读）心旷神怡。

师：陶醉一点，"听起来也愈发叫人"——

生：（接读）心旷神怡。

师：你看，先读出词语的基本意思，然后再慢慢体会情感。

师：刚才我们学习了用动词、叠词，还有表达感受的词一起来描绘画面，这样静止的画面有了动态的感觉，动起来了，而且还有了情感。你们会用吗？

生：会。

师：会用动词吗？

生：会。

师：一二年级就会用动词了。

师：会用叠词吗？

生：会。

师：叠词也早就会用了。现在动词加叠词，加在一起你们会用吗？

生：会。

师：今天加点难度，再加点表达感受的词，你们能行吗？

生：能行！

师：真行，那来吧。从课桌里拿出学习单。

（课件出示表达训练内容）

落雪的早晨，_____
遍地铺满白霜的早晨，_____
无雪无霜的凛冽的清晨，_____

师：每个小组写一句，动词加叠词，再加上表达感受的词，看谁厉害。你们第一组就写第一句，第二组就写第二句，第三组就写第三句。记住要用什么？

生：动词、叠词、表达感受的词。

师：好，开始吧。写好了，示意我。

（教师巡视）

师：都写完了，我找三位同学，分别读这三句话。（指一生）

生：落雪的早晨，闪闪亮亮的白雪镀满大地，这情景足以让人陶醉其中。

师：你们听懂他用的一个词了吗？

生：镀。

师：真会抓关键的词语。

师：请问，为什么用这个词？

生：因为"镀"可以让人感到雪很多，而且很白，让人感觉这个情景很陶醉。

师： 镀得那么均匀，镀得那么有光泽，真是神来之笔。

师：（指另一生）请你来读一下你写的句子。

生： 遍地铺满白霜的早晨，出门便看见片片雪花从天空落下，可美好不过几时雪就化掉了，还真是有一点舍不得呢。

师： 别人都在赞颂，只有她写的是舍不得。这就是南方下雪时的感受吧。你们还不太知道，杨老师来自黑龙江哈尔滨，那儿现在依然有点儿冷呢。我们那儿冬天下了雪，就不化了。

（教师指另一生读）

生： 无雪无霜的凛冽的清晨，刮着呼呼的寒风，只有那墙角的数枝梅花还在静静地盛开，这令人想吟诗一首，"墙角数枝梅，凌寒独自开"，多么令人神往啊！

师： 多好啊！掌声送给她。

（学生鼓掌）

师： 同学们，我觉得你们真是够厉害。你们看，动词加上叠词，加上表达感受的词，这样的表达会让静止的画面一下子鲜活起来，生动起来。美也就出现了，画面就印在了你们的脑海里。作者运用了这样独特的手法，你们学会了吗？

生： 学会了。

师： 让我们看看作者是怎么写冬天的。她也是用了动词加上叠词，加上表达感受的词。我们一起读一遍，开始。

师：（引读）落雪的早晨——

生：（接读）生起熊熊的炭火。

师：（引读）遍地铺满白霜的早晨——

生：（接读）生起熊熊的炭火，手捧着暖和的火盆穿过走廊。

师：（指导读）不拖长音，干净利索。

师：（引读）无雪无霜的凛冽的清晨——

生：（接读）生起熊熊的炭火，手捧着暖和的火盆穿过走廊时，那闲逸的心情和这寒冷的冬晨多么和谐啊！

师：作者也是用这个方法来写的这一段话。动词加叠词加表达感受的词，我忽然间觉得你们这几位同学运用这个方法，写的语句也不比作者差哟。

○○○○○○○
赏 析

课堂上，我们看到学生的表达很生动，这背后是老师精心的设计、巧妙的引导。前面学生感受到了叠词的表达效果，学会了用动词精准地表达，这里用"动词＋叠词"来表达感受，自然也就没有难度了。只有层层推进，才能水到渠成。

任务三：读文段——发现独特之美

师：刚才抓住词语，读了春天和冬天。我们再来看看夏天和秋天。现在请大家打开书，读一读这两段话。

（学生自由读）

师：我们按照顺序来交流交流，先看写夏天的文段。作者在这一段里写的是明亮的月夜吗？

生：不是。

师：那他写的是？

生：暗夜。

师：作者说，明亮的月夜固然美，"固然"的意思是——

生：当然。

师：当然美，肯定美，一定美。是啊，你看明亮的月夜固然美——

（课件出示描写月的诗句）

师："明月别枝惊鹊，清风半夜鸣蝉"，这乡村的月夜固然美。再看"明月松间照，清泉石上流"，这是山林的月夜，固然美。"春江潮水连海平，海上明月——"

生：共潮生。

师：这海上月夜也固然美。可这些作者一个都没写。作者写的是暗夜，写的是漆黑漆黑的暗夜。什么是漆黑漆黑的暗夜？

生：伸手不见五指的暗夜。

师：伸手不见五指的暗夜美吗？

生：（齐）不美。

（一生说"美"）

师：（走近这个学生）他们说你啥都感觉美，你怎么说？

生：暗夜要用手电筒才能看到前面，有了光，就感觉美了。

师：所以作者觉得，漆黑漆黑的暗夜唯一让我们感觉到美的是——

生：萤火虫。

师：是那暗夜里的萤火虫。是呀，就是那微光，太美了，太震撼了。不信你们看——

（课件播放月夜中萤火虫飞舞的视频）

师：美吗？

生：美。

师：真的足够美。我找到这个视频的时候，看了好久好久，暗夜里的微光太美了。观看北京冬奥会的时候，当看到那个火炬变成了微火炬，我们内心感到震撼，感受到了微光带给我们的力量。

师：在漆黑的暗夜里，你看到那个微光的时候，你一定觉得那是——

生：一种美。

师：是啊，微光带给我们的美足够震撼，那是因为作者用了动词加上叠词，加上表达感受的词描写出来的。你听吧，你看吧，你来读一读吧，开始。

（课件出示描写夏天的文段，学生齐读。）

师：请你再看看叠词。

（学生读段中叠词）

师：请你再读读动词。

（学生读段中动词）

师：请你再看表达感受的词。

（学生读段中表达感受的词）

师：你记住了吗？那就把这个画面印在你的心里吧，开始。

（课件出示描写夏天文段的几个关键词，学生配乐背诵该文段。）

师：最后这两句，慢一点儿，重来，开始。

（学生再背）

师：动词加叠词，加表达感受的词，让你把这情景都记住了。你也一定能体会到作者的一个心思吧？

生：能。

赏 析

资源的开发与利用能够有效促进学生的学习，诗句"明月别枝惊鹊，清风半夜鸣蝉""明月松间照，清泉石上流"的引入，不仅丰富了学生的积累，也让学生感受到了月夜之美。相比之下，似乎暗夜只有漆黑。抓住时机，杨老师播放了萤火虫飞舞的视频，那微光一下子就震撼到了学生，这种美深深地触动了学生。语文课上，我们要开发资源，更要用好资源。

师：我们不说出来，先放在心里面。继续看，再看秋天作者写了什么。

生：黄昏。

师：重点写了——

生：大雁、乌鸦。

师：请问，你觉得乌鸦美吗？

生：不美。

师：归鸦美吗？

生：也不美。

师：可是同桌说归鸦美。

生：归鸦非常美，因为归鸦急匆匆的，而且作者还运用了动词写出归鸦的美。

师：同学们，他是这样理解的。作者在这里用了一个词，叫"动人"。当你看到乌鸦的时候，你会觉得动人吗？

生：不动人。

师：你看到大雁成群飞的时候，你觉得感动吗？

生：感动。

师：真感动过呀，为什么？

生：因为我觉得雁群是一个团体，它们有难同当，遇到困难一起走，遇到好的东西一起分享，所以我觉得这是美的。

师：真好，你能这样理解真棒。

师：现在请拿出学习单，快速默读材料一和材料二，当你读完后，可能感受就不一样了。（课件出示材料）

阅读材料一：

羊有跪乳之恩，鸦有反哺之义。——《增广贤文》

（译文）小羊羔喝奶的时候是跪着的，这是一种感恩的举动。老乌鸦不能自己去找食物的时候，小乌鸦会把吃进去的东西反哺出来，也就是吐出来给老乌鸦吃，以感戴老乌鸦的恩义。

阅读材料二：

雁群在天空中飞翔，一般都是排成人字阵或一字斜阵，并定时交换左右位置。生物专家们经过研究后得出结论，雁群这一飞行阵势是它们飞得最快最省力的方式，因为它们在飞行中后一只大雁的羽翼，能够借助于前一只大雁的羽翼所产生的空气动力，使飞行省力，一段时间后，它们交换左右位置，目的是使另一侧的羽翼也能借助于空气动力缓解疲劳。

（学生默读）

师：同学们都读完了，请往前看。我们一起来看这一段，可能当你读完这段材料的时候，你心里面不只有美，一定有别的发现。我们先把美读出来，开始。

（课件出示描写秋天的文段，学生齐读。）

师：当你读过"阅读材料一"，你知道这归鸦可能是啄食回去喂自己的孩子，更有可能是——

生：回家给自己的父母送食物。

师：所以这里不止有美啊。

师：（引读）秋天最美是黄昏——

生：（接读）夕阳斜照西山时，动人的是点点归鸦急急匆匆地朝巢里飞去。

师：（引读）成群结队的大雁，在高空中——

生：（接读）比翼而飞，更是叫人感动。

师：读过"阅读材料二"之后，你一定知道，那是团队的力量，那是和谐的力量。因此——

（课件出示关键词，教师引导学生背诵。）

师：成群结队的大雁——

生：（接读）在高空中比翼而飞，更是叫人感动。

师：夕阳——

生：（接读）西沉。

师：夜幕——

生：降临。

师：那风声、虫鸣，听起来也愈发叫人——

生：心旷神怡。

师：是啊，同学们，作者从夕阳斜照一直看到夕阳西沉，从夕阳西沉一直听到夜幕降临。你们看，夕阳西沉——

生：夜幕降临，那风声、虫鸣，听起来也愈发叫人心旷神怡。

师：刚才，我们学习了作者的写作方法，通过这两个文段，我们又体会到了作者的——

生：感情。

⚪ ⚪ ⚪ ⚪ ⚪

赏　析

　　点拨是讲究时机的，正所谓"不愤不启，不悱不发"。当学生不能感受归鸦与雁群的美，认识不到位、有偏颇的时候，杨老师瞅准时机，出示了两则阅读材料，学生一下子就明白了背后的故事，知其所以然了，感动之情自然就由衷产生了。这里不是教师直接讲授，而是学生探究、发现，他们的体会更加深刻。

任务四：读作者——感悟内涵之美

师：下面，看看咱班同学谁最厉害。整篇文章读完之后，透过文字，你觉得这篇文章的作者清少纳言可能会是一个怎样的人？她在写作上有什么特点？你有什么新的发现吗？

生：从很多的动词、叠词中，我能发现，我们很少会去注意的、一般认为不是特别美的事物，在清少纳言看来是特别美的。她是能在生活中注意大自然、感受大自然的人。她关注到了别人关注不到的独特的美。

师：请你把刚才说的"独特"写在黑板上。（学生写）谁还有发现？（指另一生）请你说。

生：我还发现清少纳言是一个热爱大自然和生活的人。

师：请你把"热爱生活"也写到黑板上。（学生写）

生：我还发现清少纳言是一个坚持的人。

师：为什么？

生：第3自然段中她从夕阳西沉一直看到夜幕降临。

师：请你把"坚持"写在黑板上。（学生写）

生：我觉得她还是一个细心观察的人。

师：大家都能感觉到吧，不用作过多解释。写上。（学生写）

生：我还觉得她是一个跟别人思想有些不一样的人。别人都觉得冬天烤火盆那是很应该的，但是她觉得烤火盆里的火炭也是一个独特的存在。

师：冬天最冷的时候需要的就是——

生：炭火。

师：你说的意思也跟独特差不多，对吧？（学生点头）

生：我认为作者不管是思想还是观察的角度都与众不同。常人观察春天都是观察花花草草。清少纳言观察春天，观察的是黎明时的天空、红晕和彩云。

生：我认为作者是个内心沉静的人，你看她描写的景物都是别人不注意的，需要静心才能发现的美。

师：掌声送给她。好，我们就讨论到这儿。你们知道吗，清少纳言是日本散文的鼻祖。这篇课文选自《枕草子》这本书，枕就是枕头，草子就是册子。《枕草子》这本书是日本散文界的开山之作。我国著名散文家周作人翻译的《四时的情趣》，与我们学的这篇课文《四季之美》，是同样的内容，只不过翻译成汉语之后，语言表达形式不一样。但有人说，周作人翻译的《四时的情趣》是最接近清少纳言本意的。大家迅速地看一下，看看又有什么新的发现。（课件出示）

四时的情趣

春天是破晓的时候最好。渐渐发白的山顶，有点亮了起来，紫色的云彩微细地飘横在那里，这是很有意思的。

夏天是夜里最好。有月亮的时候，不必说了，就是暗夜里，许多萤火虫到处飞着，或只有一两个发出微光点点，也是很有趣味的。飞着流萤的夜晚连下雨也有意思。

秋天是傍晚最好。夕阳辉煌地照着，到了很接近山边的时候，乌鸦都要归巢去了，三四只一起，两三只一起急匆匆地飞去，这也是很有意思的。而且更有大雁排成行列飞去，随后越看去变得越小了，也真是有趣。到了日没以后，风的声响以及虫类的鸣声，不消说也都是特别有意思的。

冬天是早晨最好。在下了雪的时候可以不必说了，有时只是雪白地下了霜，或者就是没有霜雪但也觉得很冷的天气，赶快生起火来，拿了炭到处分送，很有点冬天的模样。但是到了中午暖了起来，寒气减退了，所有地炉以及火盆里的火，都因为没有人管了，以至容易变成白色的灰，这是不大好看的。

（《四时的情趣》，清少纳言《枕草子》第一篇，译者周作人。选自《日本古代随笔选》，人民文学出版社1988年版，第3页）

师： 发现了吗？用得特别多的是什么？

生： 我觉得用得特别多的是"有意思"，让人感觉十分自由、轻松、自在。

师： 真好，同学们来看看屏幕，作者用的频次最高的词就是"有意思"。在整个《枕草子》这本书中的300多篇文章里，清少纳言居然用了400多个"有意思"或者"有趣"。她独特的眼睛里到底还有哪些有意思、有趣的事物呢？（课件出示《枕草子》一书的封面图片）这本书特别好读，杨老师希望你们回去买来读一读，好吗？

生： 好。

师： 今天我们学习的课文是——

生： 《四季之美》。

师： 一定记住了关键的写作方法是——

生： 动词、叠词加表达感受的词。

师： 记住这个最重要了，因为你们在学这一单元后面的文章时，都能用得上，这是动态描写最好用的方法。

师： 下课。

生： 老师再见！

师： 同学们再见！谢谢同学们！

赏析

读一文，近一人。只有品读到文字的精妙，才能透过文字，走进作者的内心世界；只有了解了作者这个人，才能深入文字，真正读懂文字背后的内涵。简单的资料介绍，并不能帮助学生很好地了解作者。在这里，杨老师借助周作人翻译的《四时的情趣》，引导学生与课文对比着读，在读中聚焦高频词"有意思"，从而了解作者，从这一篇课文的学习，走向《枕草子》这本书的阅读，这样的教学设计十分精妙。

总评

"新课标"明确指出："义务教育语文课程内容主要以学习任务群组织与呈现。"义务教育语文课程按照内容整合程度不断提升，分三个层面设置学习任务群，其中，"文学阅读与创意表达"归属于发展型学习任务群。"文学阅读与创意表达"这一学习任务群该如何落地呢？杨修宝老师的《四季之美》一课为我们作出了很好的示范。

一、比较辨析，感受语言表达的精妙

清少纳言是日本散文的鼻祖，教材所选编的《四季之美》就出自日本散文界的开山之作——清少纳言的《枕草子》一书。这篇文章文字优美，韵味独特，值得反复阅读，细细品味。不过，对于五年级的小学生来讲，要想发现文章表达的精妙之处，还是有一定的难度的。教学中，杨修宝老师引导学生多层次比较，在比较中发现作者表达的秘妙。一是在初读课文后，杨老师引导学生将词语与短语进行比较，将动词与"动词+叠词"的表达方式进行比较，这样读着读着，比较着比较着，学生就发现作者遣词造句的方法了。二是在学生几次练习表达后，杨老师引导学生

将自己的表达与课文的表达进行比较，在比较中发现作者表达的匠心独具。三是在了解作者时，杨老师引导学生将课文内容与周作人翻译的《四时的情趣》进行比较，发现高频词"有意思"，从而对作者有更深入的了解。

二、借力资源，品味文学作品的魅力

"新课标"指出："课程资源的使用要以促进学生核心素养发展为目的，多角度挖掘其育人价值，与课程内容形成有机联系，促进课程目标全面达成。"这节课上，杨修宝老师对资源的开发与利用，可以说做得相当到位。一是对之前所学过的课文《美丽的小兴安岭》的链接，让学生进一步巩固了围绕一个意思来表达的写法。二是相关诗句的引入，不仅丰富了学生的积累，同时，也让学生看到了更真切的画面。三是视频资源的利用恰到好处，当学生没能感受到暗夜之美时，教师播放萤火虫飞舞的视频，让学生直观地感受到了微光的力量。四是相关文段的引入，"阅读材料一"让学生看到了乌鸦反哺感恩的举动；"阅读材料二"让学生明白了大雁比翼而飞的原因；《四时的情趣》的拓展阅读，让学生对作者有了更多的了解。

三、实践运用，提升语言表达的能力

"新课标"指出："语文课程是一门学习国家通用语言文字运用的综合性、实践性课程。"在语文课程中，学生的思维能力、审美创造、文化自信都以语言运用为基础，并在学生个体语言经验发展过程中得以实现。聚焦语言文字、落实语言运用是让语文课充满浓浓的语文味的重要途径。这节课上，杨修宝老师不仅引导学生在比较中发现作者表达的方法，还能及时创设语言运用的情境，引导学生进行语言表达，这是很值得学习的。叠词学生之前是学过的，现在又学习了动词的使用，于是杨老师创设表达情境，引导学生运用"动词+叠词+表达感受"的典型句式来表达，写一写"落雪的早晨"或者"遍地铺满白霜的早晨""无雪无霜的凛冽的清晨"的景象，这不仅能够提升学生的语言运用能力，还能丰富学生的言语表达经验。更为可贵的是，学生写后，杨老师不仅进行了点拨，进一步优化了表达，还引导学生将自己的表达与课文中的表达进行了对比，这对于提升学生的表达质量是非常有益的。

王林波

写作，让思维在场
——"神奇的探险之旅"写作课教学实录

执教者：彭才华

任务一：引发回忆，引入课堂

师：同学们，我们来欣赏一段小视频。

（播放视频，学生观看。）

师：看来大家很喜欢。回顾一下，这段小视频当中大概出现了哪几个项目？

生：高空骑自行车、走玻璃桥、坐过山车、漂流、滑雪。

师：这么多个项目，大家尝试过吗？感觉如何？

生：（自由回答）玩过！很刺激！很喜欢！

师：我们来看几张小图片（游客坐过山车的表情照片），注意看人物表情。（众生大笑）哈哈，相信你们一定想起自己玩过山车的经历了。谁来谈谈？

生：我第一次坐过山车，至今都难忘。太快了，太吓人了。

师：这么吓人，你玩了几次？

生：三次！（笑声）

师：很吓人但很想玩，大实话！

生：我感觉坐过山车很刺激、很爽。

师：他用了两个词，一个"刺激"，一个"爽"。我们都知道这过山车很吓人、很刺激，但是偏偏又喜欢一次又一次地"虐"自己。其实，不止过山车，还有高空自行车、玻璃桥、漂流、滑雪等，都很刺激。而这个"刺激"的背后，其实，就一个字——

生：险。

师：对，都有险情。人类自古就喜欢探险，国外有麦哲伦航海，中国有徐霞客游历，等等。

○○○○○○○

赏 析

习作兴趣的激发至关重要。一开课，彭老师就借助视频、图片，引发学生的回忆，激发学生的兴趣，这样的开课有趣有益。彭老师不仅呈现了图片，还引导学生关注人物的表情，将图片与生活联结了起来，体现了"新课标"所倡导的"义务教育语文课程实施从学生语文生活实际出发"这一理念。

任务二：筛选权衡，聚焦内容

师：是啊，这个世界那么美、那么可爱，怎么不吸引我们？来看！

（播放热带雨林、茫茫大漠、海中荒岛、幽深洞穴、南极冰川等图片，并配以轻松欢快的音乐。教师诗意描述，学生静静观看，陶醉其中。）

师：好看吧？（学生说"好看"）但是，请注意看——

（原彩色图片变为黑白，并配以紧张、恐怖的音乐。学生观看，神情紧张。教师提示：你可以盯着某一幅图，想象自己到了那个地方。）

师：你刚才盯着的是哪幅图？

生：中间那个洞穴的图。

师：你想到了什么？感觉如何？

生：我感觉山要崩塌了，前面的石头都变成了一群虫子。

师：哟，这想象！山洞要崩塌，连那些石头都变成虫子一样的东西。毛骨悚然是吧！（指另一生）你请说。

生：我刚刚盯着的是沙漠那幅图，感觉那天空上有一块块黑色的东西。我感觉有很凶的东西在接近我。而地上的条纹就好像蛇一样。

师：沙漠里的响尾蛇可厉害了！天空也想到了，地面也想到了。没错，我相信你们盯着每一幅图看的时候，可能都感觉有一个不妙的东西正在向你们逼近。

○○○○○○○
赏 析

探险是学生非常感兴趣的事情，但热带雨林、茫茫大漠、海中荒岛、幽深洞穴、南极冰川又是距离他们很远、很陌生的地方。如何才能让学生有身临其境之感，想象就显得尤为重要。这里，彭老师先是借助配乐，利用图片色彩的变化营造氛围，然后引导学生盯着某一幅图展开想象。因为有着充分的铺垫，所以学生的想象是丰富的、奇妙的。

师：同学们，我们今天就将写一次"神奇的探险之旅"。（课件呈现"探险攻略"）

场景	险情	队友	装备
热带雨林	遭遇毒蛇、下暴雨、迷路……	胆大而鲁莽的小马、知识渊博的生物学家王博士	药品、雨衣、食物、地图……

师：这里有一份探险攻略。有一个人准备要去热带雨林里面，去寻找枯叶蝶，可能遭遇的险情是——

生：遭遇毒蛇、下暴雨、迷路……

师：这三个险情都极有可能啊！探险还得带上队友，队友小马的特点是——

生：胆大、鲁莽。

师：要去探险，胆大是个优点，但是鲁莽——

生：会带来更多的危险。

师：是的，有句俗话说来不好听，但道理真是这样：不怕神一样的对手，就怕猪一样的队友。为了制造一种险情，不妨带上——

生：猪一样的队友。（笑）

师：当然，有人拖累你，给你制造险情，也一定会有人帮助你，为你保驾护航的。比如，这里的——

生：王博士。

师：嗯，生物学家王博士知识渊博，富有经验，一定很有帮助。那么，他带的装备有——

生：药品、雨衣、食物、地图……

师：这些装备重不重要？

生：重要。

师：请特别注意看哦，他选这些装备有什么奥秘啊？

生：和那些险情有关系。

师：太棒了！跟险情对应上了。比如说，下暴雨就得准备——

生：雨衣。

师：比如说遭遇毒蛇，被咬了，可能要——

生：药品。

师：是的，既然我们是去探险，自然要玩点儿刺激的，对吗？那么，我们的准备没那么充分，有没有可能？（生：有可能。）比如自然界的险情向我们逼近时，结果由于人为的原因，又增加了新的险情。

○○○○○○○

赏 析

透过以上文字，我们是能看到现场教学的场景的，甚至能听到课堂上学生们欢乐的笑声。这一切源于彭老师心中是有学生的。他满怀童心，与学生进行着轻松愉快的对话。谈笑风生之间，彭老师已引导学生明白了人物的特点与可能出现的险情之间是有逻辑关系的。险情、队友、装备之间也是相互关联的。

师： 同学们，回到刚才的这几幅画面。想象一下，里面可能有哪些险情？你可能和谁一起探险？你们带了哪些装备？

（播放紧张、恐怖的音乐，课件呈现表格，学生选择、填写。）

选场景（选一处）		预测险情	
茫茫大漠（　）	幽深洞穴（　）	遭遇猛兽（　）	断水断粮（　）
热带雨林（　）	海中荒岛（　）	暴雨袭击（　）	突发疾病（　）
南极冰川（　）	神秘峡谷（　）	落石崩塌（　）	装备丢失（　）
（　）	（　）	（　）	（　）

选队友（两列人物各选一个）	
经验丰富的探险爱好者（　）	好奇心强、性格活泼的妹妹（　）
知识渊博的生物学家（　）	胆子大但行事鲁莽的表哥（　）
见多识广的向导（　）	心细而胆小的同学（　）
其他专业人士＿＿＿（　）	其他亲朋好友＿＿＿（　）

选装备				
指南针（　）	地图（　）	食物（　）	＿＿（　）	＿＿（　）
饮用水（　）	药品（　）	帐篷（　）	＿＿（　）	＿＿（　）

师：（提示1）横线处是你可以填写自己的设想。

师：（提示2）至少选两个队友，像课本里这个表，两列中都要选哦！

人物	
经验丰富的探险爱好者 知识渊博的生物学家 见多识广的向导	好奇心强、性格活泼的妹妹 胆子大但行事鲁莽的表哥 心细而胆小的同学

师：（提示3）装备方面，你可以把所有该带的全都带上，也可以让自己落下一样两样没带，这样可能更好玩儿哦！（众生笑）

师：我看到同学们都非常认真地在作选择。有的同学在括号里打上钩，又把它划掉，然后又重新选择，太棒了！我们刚才在干吗？

生：纠结。

师：说得好！其实，纠结的过程就是在思考。你在想今天这次探险我怎么写，你在想这次整个险情我究竟会遇到什么，最后我怎么样脱离险境。这就叫——

生：（小声地）构思。

师：（惊喜地）大点儿声说。

生：构思！

师：太棒了，这就是"构思"啊！（板书：构思）。（指一生）来，你选择的险情是什么？

生：遭遇猛兽和雪崩。

师：哇！又有猛兽，又有雪崩。猛兽是什么？

生：雪狼。

师：雪狼，哎呀，这种猛兽我还真的不是特别熟悉。你熟悉雪狼这种动物吗？

生：在电视上看到过它的生活习性。

师：会主动袭击人类吗？

生：饿的时候会。

师：那么，先是遇到雪狼，还是先遇到雪崩？

生：先遇到雪狼。

师：太好了！你选择的队友是谁？

生：知识渊博的生物学家。

师：知识渊博的生物学家可以给你干吗？

生：遇到狼群时可以教我怎么脱离险境。

师：哦，这个生物学家太重要了！假如大家都不懂的话，就玩儿完了啊！还选了一个谁？

生：胆子大但行事鲁莽的表哥。

师：这个表哥有没有制造险情？

生：有！就是他大声叫喊时制造了雪崩。

师：哇！他是真的了解雪崩，大声叫喊真有可能导致雪崩。那么，带上的装备是什么？

生：指南针、饮用水、地图、药品、食物、打火石。

师：带这么多，看来你很有经验。有没有忘带的？

生：忘带的就是护目镜，还有雪杖。

师：哎呀，这有可能导致险情。他这个构思我们大概了解了没有？是不是很期待？再请一位同学说。

生：我探险的目的地是热带雨林。险情是遭遇猛兽、暴雨袭击、迷路、落石崩塌。

师：啊！你选了四样！为什么选这么多？

生：因为我觉得都有可能发生。

师：是啊，我们想象一下，如果一篇文章就写一种险情，我们很快就把它解决掉了，脱离了险境，这样的文章好看吗？

生：（齐）不好看。

师：什么原因？

生：因为不够刺激。

师：是啊，就像坐过山车一样，只有一个陡坡，一会儿就结束了，你喜欢吗？

生：（齐）不喜欢。

师：也就是说，我们得多制造几个险情，对不对？（画出情节起伏的线条）

生：哇！好像心电图。

师：是的，像心电图。我们写探险小说，就是要让别人——

生：要让别人心跳忽快忽慢。

师：对啊，这样的探险小说才会吸引读者，对吧？（指一生）你选的队友是谁？

生：经验丰富的探险爱好者。

师：另一列人物中，你选了谁？

生：心细而胆小的同学。

师：生活中，有些心细的人确实可能胆小。哎呀，这胆小有可能成为你探险中的——

生：一个麻烦。

师：一个麻烦、一个拖累。太好玩儿了！装备带了几样？

生：几乎都选了。

师：几乎都选了，看样子还是尽量少给自己制造麻烦。好的，这是你的构思。（指另一生）请你简单说说。

生：我选的也是热带雨林，险情是遭遇猛兽、暴雨袭击、装备丢失和迷路。

师：注意啊，她刚才说到"装备丢失"，为什么想到装备丢失？在这个热带雨林里丢了什么？

生：丢了指南针或者地图。

师：指南针或者地图，这两个东西的功能差不多哦！在茂密的森林里把这两个东西丢了，你就找不到——

生：找不到路了。

师：打听一下，最后是怎么出去的？

生：最后是在一个空旷的地方遇到直升机。

师：好的，你的文章你做主！好了，同学们，在等会儿的写作中，你们还可以根据实际再调整刚才的构思。

○ ○ ○ ○ ○ ○

赏 析

要想让学生的习作内容具体，就必须给学生的习作提供有效的支架。彭老师从场景选取、险情预测、队友及装备的选择等方面为学生提供了有效的支架，让学生的表达有了支撑。同时，彭老师还引导学生明白了构思是有技巧的：我们可以让人物来制造险情，也可以有意忘带某些装备，从而让情节更曲折。

任务三：细化险情，动笔写作

师： 相信同学们的构思在脑海里已经越来越清晰了。动笔前，我们一起再看看这篇文章。（课件呈现）

雪山遇险记

"轰轰轰——"，我和胆小心细的同学小丁正跟着一名见多识广的雪原向导张导坐着直升机前往雪山滑雪。小丁一次次地查看装备，我也很兴奋，朝窗外望去：一片白茫茫，白得刺眼。巍峨的雪山直插云霄，十分险峻，像一只巨大的雪怪，仿佛随时会站起来，教训那些打扰它的人们。

马上就可以滑雪了，想想就激动！

直升机缓缓降落在山顶，我们一行人全副武装——护目镜、滑雪套装、雪铲等一样不落。挥别机长，我们开始滑雪。对于滑雪，我们都擅长，猫腰、半蹲、后撑，"啾"的一声，三人就风驰电掣一般滑入雪坡。

"什么声音！"小丁突然惊叫起来！我屏气一听，似乎有啥声音若隐若现，那是山风吧？张导一个"急刹车"，我们跟着停下来，往后一看，只见山顶冒起白气，越来越多，越来越浓！

"糟糕！雪崩！跟紧我！往左侧滑，有个山洞！"

啊？雪崩！我紧张起来，看到小丁一脸苍白。

"快！跟上我！"张导大吼一声，带头往前冲！身后的声音越来越响，夹杂着气浪的雪离我们越来越近！我更加害怕了，拿雪杖用力往后支了两下，全力加速。前面的张导和小丁也拼命地支雪杖！我用余光瞟了一眼身后，只见气浪卷起了越来越多的积雪，仿佛随时会压过来，把我们瞬间吞没！

"前面！山洞！"张导大喝一声！说时迟，那时快！我们急忙一侧身，拐进了山洞……

洞内空间很小，没多久我们感觉到缺氧。"我感觉气闷。"我喘着粗气。

"我们少说话，轻呼吸，赶紧挖出去。"在张导的带领下，我们拿出随身携带的铲子对着积雪用力一铲，往上一撬，往后一倒……经过大约半小时的努力，积雪终于出现了一个小孔，新鲜的空气顿时流进洞里！"哇，好甜的空气！"小丁禁不住感叹！

张导向空中放了一枚信号弹。很快，就有搜救的直升机过来了！

登上飞机，回望下面这一片白茫茫，我们相视一笑，长舒了一口气……

（学生默读）

师：同学们注意，相比"神奇的探险之旅"，"雪山遇险记"这个题目怎么样？

生："雪山遇险记"更吸引人。

师：对！"神奇的探险之旅"只是这次写作的主题。要想让自己的文章更吸引人，还得想想题目怎样确定。这篇文章大致的顺序，大家看出来了吗？

生：就是先写他们进入了一个危险的地方，然后是遇到了雪崩，最后成功地逃出来了。

师：是的。这是一个基本的顺序，简单地说，就是入险地、遇险情、脱险境。这个顺序，对大家来说应该没什么问题。那么，究竟怎样把这次探险之旅的过程写得更详细、更吸引人呢？

（教师引导学生品味范文：1.通过写"所见""所闻""所感"等细节，凸显险情；2.人物表现要交叉写；3.写出探险的曲折经历，让故事多些波折。）

师：请同学们看看这样几个开头——（课件呈现）

A."嗷——"，突然间，森林里传来一声嚎叫……

B.远处，一个巨大的漩涡飞一般地朝我们的轮船袭来。"不好！是龙卷风！"李叔叔大声叫道……

C.黄沙漫天，天上的太阳火辣辣的，真让人难受啊！我摇一摇水壶，大概只剩下两三口了……

师： 大家从中选择一个，或者全都不选，按自己的想法写，都行。另外，还请大家注意一下——（课件呈现）

依攻略，巧构思，
事情发展记心间。
抓细节，交叉写，
一波三折更惊险！

师： 大家一起读一遍。

（学生齐读）

师： 请大家记住刚才定下的攻略，记住自己构思的探险过程，不需要题目，直接切入险境，开始写吧。

（学生写作）

赏析

进行习作教学，范文引路是很有必要的。彭老师出示的不仅有完整的范文《雪山遇险记》，还有能够带给学生启示的几个开头；彭老师不仅让学生读了范文，还引导学生聚焦题目、写作顺序等，让学生借助直观的范文，掌握写作的方法，这样的教学实效性很强。

任务四：即时修改，得法得言

师： 好，同学们停一停。我知道很多人实在是舍不得把笔放下，因为自己脑海里一环扣一环的险情非常清晰了，就恨不得想一口气把它往下写，是吧？现在我们要稍停一下。回头看看你写下的片段，此刻你可能有些开心，甚至有些得意，因为你精心编织的故事好像十分完美，似乎无懈可击。但是，请看——（课件呈现课本中本单元的"语文园地"里叶圣陶给肖复兴修改习作的图片）

师：我们可以看到，作家肖复兴初三那篇习作，乍看上去无懈可击，但经过叶圣陶先生一修改，才发现问题其实不少。来，我们也拿起自己的文章，一边读一边想，这样写好不好？有没有漏洞？还有没有更好的写法？发现问题，立刻改正！

（学生修改习作）

师：好了，同学们，大家都在非常认真地修改自己的习作，我觉得真是一道最美的风景。好文不厌百回改，好文章是改出来的。你们一定发现，刚开始写得有些急了，有些地方表达得并不是特别准确，是吧？好的。谁来分享一下自己写的。

（一女生朗读习作，略。）

师：好。谢谢！她一直把险情叫作"那东西"，那个东西其实是什么？

生：蛇。

师：为什么一直不说蛇？

生：因为她起初并不知道那是什么，写"那东西"就更显得恐怖。

生：这是在设置悬念，吸引读者！

师：好！你们都是她的知音。我觉得这是文章当中一个特别大的亮点。还有第二个亮点，大家看看第一段，在所闻、所见、所感这几个方面，哪个最突出？

生：所闻。

师：是啊！"快点！""要到出口了！""小心啊，快点！""'噗通'一声""轰"……这些有关声音的描写，仿佛把读者带到了现场。另外，我还要表扬她朗读也特别好。有人说，三分文章七分读。是的，她强调了这个地方的恐怖。把掌声送给她。

（众生鼓掌）

师：大家也帮忙看看，有没有什么问题？

生：我觉得"拿了一点膏药"不合适。

师：要是你，会怎么写？

生：可以写一贴膏药。

师：真好！你是她的"一字之师"！我们改过来。

生：我觉得最后要公布那东西是蛇。

师：（问作者）你最后会公布吗？

生：会的。因为我还没写完嘛。

师：好。还有没有其他意见？

生：我觉得她的语言描写比较多，可以再增加一些动作描写。

师：语言描写很丰富了，可以强调一些动作，太棒了！"随着森林的深入"，这句话要不要改呀？谁来试试？

生：我们往森林深处走去。

师：好！"我们往森林深处走去，光线越来越暗……"这里有个数字①，你是在这一处加了些文字对吗？

生：对。

师：哦，加在这儿。"光线越来越暗，一棵棵巨人一样的大树挡住了阳光。"太棒了！（稍顿）有的同学可能只顾一个劲儿地往险处写。其实，不要着急，别忘了，你是来玩儿的，先欣赏一下风景嘛！（众生笑）

师：（继续读习作）"前面的小宁突然一声尖叫：'啊！'把我们吓呆了！大家连忙问：'怎么了？！''蛤……蛤蟆！'嚯！这家伙，吓我们一身汗！"哈哈！先来个蛤蟆试一试我们的小心脏，是吧？（众生笑）

师：（继续读习作）……"张叔叔那原本笑得灿烂的脸突然变得严肃起来，他慢慢地张开嘴：'可能有猛兽要来了。'我们一听，都不约而同地往一旁的草堆里钻，小宁脸色苍白，不停地打着哆嗦。"从张叔叔写到我们，再写到小宁，这就是我们刚才说的——

生：（自由应答）人物表现交叉写。

师：好，谢谢你！表扬你，修改得如此认真！经过修改，我们的文章变得越来越好了。送给大家一句话——（课件呈现）

好文不厌百回改，精益求精更出彩。

（学生齐读）

师：同学们，要写好这类文章，今后我们还需要读更多这样的书籍。比如说《八十天环游地球》《汤姆·索亚历险记》等。大家边看边思考，看看人家怎样构思，怎样把细节写具体，怎样让险情像过山车一样，让人感受到探险的刺激与乐趣。这节课我们就上到这里，同学们再见！

生：老师再见！

赏析

好文章是修改出来的，进行习作教学，我们一定要注意培养学生修改的习惯。彭老师进行的是习作教学，但他并没有将习作教学孤立起来，而是统整了"语文园地"中的相关内容，让学生运用修改方法进行自主修改、相互评议，有效提升了学生习作的品质以及习作修改的能力。

总评

透过文字版的教学实录，我是能够清晰地看到这节习作课的教学场景的，是能听到课堂上学生的欢笑声的，是能感受到学生在这节习作课上的成长变化的。让学生爱上写作，学会写作，其实并不难。

一、激发写作兴趣，让学生爱上写作

我们都知道激发学生写作兴趣的重要性，但往往却不知从何处下手。彭老师的这节习作课充满了乐趣，秘密在哪里？

首先，他有资源意识。信息时代，找到相关的教学资源并不难，但有效运用并不是人人都会。彭老师开课时用到了视频、图片资源，同时还链接了生活。我们会发现，这里的教学推进是环环相扣的，是由表及里的。聚焦人物表情，很自然地就引发了学生对生活经历的回忆，聊起了那段"刺激"的经历。

其次，他有儿童视角。在这节课上，彭老师与学生聊得很尽兴，学生很乐意与彭老师对话，因为彭老师懂他们，会用他们所熟悉的"金句"，运用他们的话语体系进行交流。对话轻松了，聊天有趣了，课堂上笑声多了。

第三，他有赞赏的眼光。好孩子是鼓励出来的，只有我们不断肯定孩子的发现，赞赏他们的进步，孩子才能获得更多的成就感，才能满怀兴致地参与到学习中来。这节课上，我们时常能够听到彭老师对学生的赞赏：太棒了！说得好！真好！把掌声送给他！这一句句赞赏的话语都能产生无穷的动力，激励着学生不断尝试表达。

二、掌握写作方法，让学生学会写作

学生的表达经验不足，要想落笔成文，实属不易。这节课上，彭老师教给了学生不少写作方法。

第一，要入情入境地想象。写探险类文章，学生对于热带雨林、茫茫大漠等场景都是陌生的。彭老师借助音乐、图片色彩变化、语言描述等方式让学生身临其境，展开想象，打开学生的思路。于是，学生就有内容可写了。

第二，要借助支架完成构思。彭老师出示表格让学生填写，这看似在填写表格，实则是在帮助学生进行构思。明确了场景，选好了队友和装备，预测了险情，这篇文章大致的内容就清楚了，这时候再画出情节曲线图，依照情节发展来写，完成这篇探险类的文章也就不难了。

第三，要从范文中学写法。指导小学生写作，范文往往能起到非常重要的引领作用。彭老师不仅用到了范文，而且用得恰到好处。他并没有将范文简单呈现，而是引导学生就题目、情节进行剖析，通过梳理与探究，发现写作的方法。彭老师呈现的不只有范文，还有几个精彩的开头，这样对学生的启示是多角度的，能够起到很好的示范和引领作用。

三、养成修改习惯，让学生受益终身

修改是习作教学的重要组成部分。可以说，好文章是修改出来的。但往往在习作指导课上，老师们几乎将所有的精力都花在了方法的讲授上，习作的修改则成了机动环节，有时间了进行，没时间了就直接被砍掉了。

综观整个统编教材，我们会发现，编者是非常重视习作的修改的。三年级上册第三次习作就要求"写完以后小声读一读，看看句子是否通顺"，第四次习作更是明确提出了修改的要求"写好以后小声读一遍，用学过的修改符号把有明显错误的地方改过来"。而后的每一次习作，都有关于修改的要求，这足见编者的良苦用心。

彭老师是非常重视习作修改的。他先出示了"语文园地"中叶圣陶给肖复兴修改习作的图片，让学生明白习作修改的重要性，并掌握相应的修改方法。接着让学生动笔进行修改，然后进行交流、评价，引导学生感受修改的效果。

彭老师还特别重视对学生修改的评价："一字之师""表扬你，修改得如此认真！经过修改，我们的文章变得越来越好了"等评价语都能很好地激励学生。就连结课时的拓展阅读，我们也会发现彭老师在修改方面的用心，他推荐学生阅读《八十天环游地球》《汤姆·索亚历险记》等书籍，向作者学习构思及把细节写具体等方法，从而进一步完善自己的习作。我相信，好文不厌百回改，在彭老师的指导下，学生们一定会精益求精，习作一定会更加出彩。

王林波

第五辑

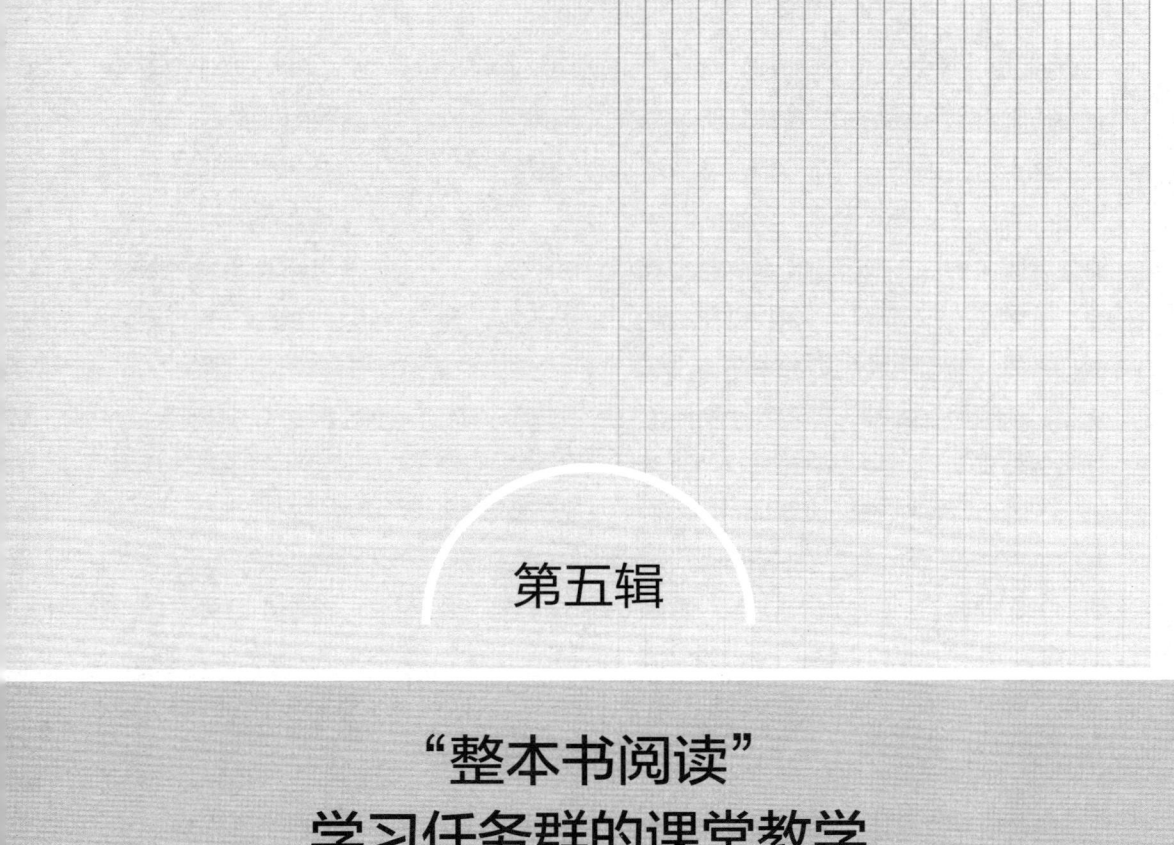

"整本书阅读"
学习任务群的课堂教学

探秘神奇的巧克力工厂
——《查理和巧克力工厂》整本书阅读推进课教学实录

执教者：王林波

任务一：回顾阅读情况，梳理人物关系

活动一：重温图书信息，交流阅读进展

师：同学们，最近我们在读一本非常好玩的书，这本书叫——

生：（齐）《查理和巧克力工厂》。

师：大家还记得这本书的作者是谁吗？

生：罗尔德·达尔。

师：声音再响亮点就更好了，再说一遍。

生：（大声地）罗尔德·达尔。

师：这本书不光大家喜欢，全世界有很多小朋友都特别喜欢。这是一本非常有趣的书，获过很多奖项，大家知道吗？

生：这本书三度获得了"爱伦·坡文学奖"。

师：非常好，你怎么知道的？

生：封底上写了。

师：是啊，我们阅读一本书，不光要看封面，还要看看封底。大家再看

看封底，这本书还获过什么奖项？

生：还获得了英国"白面包儿童图书奖"和"世界奇幻文学大会奖"。

师：大家注意了，这个奖项叫"世界奇幻文学大会奖"，看来，这本书中一定有很多好玩的故事。大家前段时间就开始读这本书了，一定读到了很多有意思的情节。这本书内容丰富，整本书挺厚的，在阅读的时候很多同学一定制订了阅读计划。谁来告诉大家，你计划用多长时间读完这本书，现在读到了哪里？

生：我计划用 20 天的时间读完，现在已经读了一大半了。

师：你每天大概什么时候来读这本书？

生：我每天都是写完作业后，差不多晚上九点开始读。

师：这位同学不仅制订了阅读计划，还能按照计划来阅读，阅读的习惯非常好，值得表扬！

○ ○ ○ ○ ○ ○ ○
赏 析

作为推进课，教师关注"瞻前顾后"，在轻松的对话中，调动了学生已有的阅读经验，进一步引发学生阅读的兴趣，强化了方法的积累和运用。在语文学习实践活动中，引导学生进行梳理和总结，在此基础上，自然过渡到后续的阅读指导。

活动二：回顾主要人物，厘清角色关系

师：同学们，这本书的书名中提到了巧克力，你们喜不喜欢巧克力？喜欢的请举手！

生：（齐）喜欢。

师：这本书中的那个孩子也很喜欢吃巧克力，还记得是谁吗？

生：（齐）查理。

师：（出示图片）这就是他，这个孩子的名字叫查理，他特别喜欢吃巧克力。这本书中还出现了很多人物，你们还记得吗？（出示图片）这是——

生：巴克特先生和巴克特太太。

师：一下子就说出来了，看来大家对这本书的内容非常熟悉啊，值得表扬！他们和查理是什么关系？

生：他们是查理的爸爸和妈妈。

生：巴克特先生是查理的爸爸，巴克特太太是查理的妈妈。

师：查理是他们的什么？

生：（齐）儿子。

师：（出示图片）再看看书中的这两个人，他们总喜欢躺在床上，看来身体不怎么好，他们是谁呀？

生：约瑟夫爷爷和约瑟芬奶奶。

师：这本书中可不只是他俩年龄大。（出示图片）大家看这俩人是谁？

生：乔治姥爷和乔治娜姥姥。

师：他们都是老人家，年龄都挺大，而且从图片上看，他们都喜欢在哪里？

生：床上。因为他们行动起来不那么方便。

师：是的，其中有一个人年龄很大，在床上已经躺了很久了，谁呀？

生：约瑟夫爷爷，他96岁了。

师：他在床上躺了多久了？

生：20多年了。

师：这几个人我们又回顾了一遍，现在谁能把他们的关系梳理梳理。（指着课件中人物的图片）比如巴克特先生和巴克特太太是查理的父亲和母亲。

生：约瑟夫爷爷是巴克特先生的爸爸，约瑟芬奶奶是巴克特先生的妈妈。他俩分别是查理的爷爷和奶奶。

师：这位同学把这几个人的关系梳理得特别清楚，值得表扬，那乔治姥爷呢？

生：乔治姥爷是巴克特太太的爸爸，乔治娜姥姥是巴克特太太的妈妈，乔治姥爷是查理的姥爷，乔治娜姥姥是查理的姥姥。

师：说得真好！我们读一本书的时候，首先要把人物关系梳理清楚。

○ ○ ○ ○ ○ ○ ○

赏 析

  整本书中涉及的人物较多，同单篇比较起来，人物关系要复杂得多。而人物关系的梳理，对于读懂整本书，建立起信息之间的联系，提升整体认知能力至关重要。所以，在阅读推进过程中，教师教给学生具体的梳理人物关系的方法，利于形成阅读经验，并做到有效迁移。

任务二：聚焦关键事件，走进查理内心

活动一：对比与感悟，体会查理对巧克力的向往之情

师：在这本书中，我相信大家印象最深刻的人物一定是这个孩子——查理。查理有一个爱好，他特别想吃巧克力。你们知道他为什么想吃巧克力吗？打开书赶快看一看。

（生翻阅浏览）

生：书中写了，他们一家人的饭不是很丰盛，他从早到晚都会有一种饥饿的感觉。

生：他们一家人经常吃的是卷心菜，查理从早到晚都觉得自己的肚子空空的，总是吃不饱。

生：查理没有好吃的，天天吃卷心菜，所以他特别向往吃巧克力，他在想巧克力的味道该有多美。

师：如果真的有一天有那么一小块巧克力，查理吃起来一定跟我们不太一样。我知道有的同学吃巧克力，掰一块放到嘴里，几下子就吃完了。查理是怎么吃巧克力的呢？你们在读书的时候一定发现了，来跟大家分享一下。

生：这本书在第7页写了，他每一次都咬一点点。

师：我们来读读这段话——（课件出示）

  每次在美好的生日早晨收到这样一块巧克力糖时,查理总把它小心地放在自己的一个小木盒里,宝贝得像是一根金条。开头几天他只是看着,从来不去碰它,后来实在忍不住了,他才把包糖纸的一角拉开一点点,露出一点点巧克力糖,然后轻轻地咬一点点,只让那可口的甜味足够在舌头上慢慢地散开。第二天他再咬一点点,第三天又咬一点点,一天天这样一点点咬下去。用这个办法,一小块六便士的生日巧克力糖,查理可以吃上一个多月。

  (学生自由读这段话)

  师:这段话中的哪个动作给你留下了深刻的印象?

  生:查理轻轻地咬一点点,每天他就只咬一点点。

  师:(引读)他才把包糖纸的一角拉开——

  生:(齐)一点点。

  师:(引读)露出——

  生:(齐)一点点巧克力糖。

  师:(引读)然后轻轻地咬——

  生:(齐)一点点。

  师:同学们,刚刚我们在朗读的时候有没有发现有一个词出现了三次?

  生:(齐)一点点。

  师:为什么要轻轻咬一点点?一口吃完多爽快,好吃的一口吃完才有幸福感啊!为什么要一点点一点点地吃呢?

  生:因为查理知道今天如果一口吃完了,以后都没有了,而且每一年过生日的时候他才能得到这一小块巧克力,所以他每次就咬一点点。

  师:这样啊,第一天——,第二天还可以——,第三天还可以——,第四天还可以——,第五天还可以——,甚至第十五天还可以——,第二十天还可以——(学生一一接读:咬一点点。)

  师:原本可以一口吃完的一小块巧克力,这样一点点一点点地咬着吃,他可以吃好长时间。你们有没有在吃什么东西的时候,也有点舍不得,也是一点点地吃的？

生：我吃冰激凌的时候就是这样的。结果有一次还剩很大一块的时候，就掉到了地上，我特别后悔，早知道一口把它吃完算了。

（众生大笑）

生：我用自己的零花钱买的棉花糖，就是这样一点点一点点地吃的。

师：你看，我们在读书的时候要联系自己的生活，想一想自己是怎么做的，把自己融进去，这样读书，我们的感受就会更深刻。查理喜欢吃巧克力，当他路过橱窗的时候，当他路过巧克力工厂的时候，他就表现出了对巧克力的无限喜欢。现在，我们就来读读这本书中的相关内容，感受感受吧！

（学生打开书，自主阅读。）

师：我们来交流交流吧。

生：我想说说查理路过巧克力橱窗的情景，他路过橱窗时的表现简直让人太难忘了。我来读给大家听听："查理每天早晨上学，看到商店橱窗里堆得高高的大块大块的巧克力糖就会停下脚步，把鼻子贴着橱窗看，大流口水。"

师：你印象最深的是什么？

生：查理不仅会停下脚步，还把鼻子贴着橱窗看；他不仅流口水，而且是大流口水，一个劲儿地流口水。

师：查理口水使劲地往下流，他心里肯定在想——

生：要是我能吃到巧克力，那就太好了。

师：这是他路过巧克力橱窗的情景。路过巧克力工厂时，他又是什么样的表现呢？

生：我跟大家分享一下，书中是这样写的："一天两次，小查理·巴克特上学和放学都正好要走过这家工厂的大门。每次走过，他都会禁不住把脚步放得非常非常慢，高高地抬起鼻子，深深地久久吸进他周围沁人心脾的巧克力香气。"

师：刚刚我们发现，在读书的时候把自己融入进去效果会更好。假如你就是小查理，说说看，为什么在路过巧克力工厂的时候，步子会放得非常慢呢？

生：因为我想把我喜爱的巧克力的味道吸进我的鼻子里。

师：你能用动作表现出来吗？

生：我得慢慢地走，而且不止吸一次。好香，再来一次，好香，我要不停地吸！（该生表演，众生大笑。）

师：我问问你，刚才吸的时候为什么要高高地抬起鼻子呢？

生：因为我太喜欢这种香气了，香气就飘在空中，我要多吸一些。

师：融入自己，我们更深切地体会到了查理对沁人心脾的巧克力香味的喜爱。现在，谁再来读一读这段话，让我们感受感受？（课件出示）

一天两次，小查理·巴克特上学和放学都正好要走过这家工厂的大门。每次走过，他都会禁不住把脚步放得非常非常慢，高高地抬起鼻子，深深地久久吸进他周围沁人心脾的巧克力香气。

（学生声情并茂地朗读）

师：把自己融入进去，这位同学读得非常好！大家在听的过程中一定也感受到了查理对巧克力的喜爱之情，书中还写道——（课件出示）

唉，他多么喜欢这香气呀！

唉，他多么渴望能走进这家工厂，看看里面是什么样子啊！

师：我们一起读一读！

（师生齐读句子）

师：读书的时候，我们还要尝试着进行预测。大家预测一下，查理会不会走进巧克力工厂？

生：肯定进去了，这是我的直觉。

生：肯定进去了，否则这本书就不好玩了。

生：我也觉得进去了，查理那么向往进到巧克力工厂里面，作者一定会让他进去的。

> **赏 析**
>
> 整本书阅读要指导学生运用系统思维理解和把握阅读材料，突出一个"整"字。阅读过程中要同化精读、略读、浏览等单篇阅读技能，关注整体背景下提取信息、解释观点、预测推断、判断价值等方面的能力。与突出主题、感受人物形象关系密切的或者写得精彩的重点部分要引导学生停下来仔细品味、体会。而联结学生的生活经验进行换位体验，学生就更容易感同身受、产生共鸣，更利于吸引其乐此不疲地读进去。

活动二：梳理与探究，发现查理与小伙伴的不同

师：要走进这家巧克力工厂，必须得到金奖券才行。得到金奖券的都有哪些人呢？之前，大家可能还没有读到这部分内容。没关系，现在我们就打开书，快速浏览浏览，找一找，看看都有谁。

（学生打开书，快速浏览，梳理信息。）

师：谁找到了？跟大家分享分享，得到金奖券的都有哪些人？

生：奥古斯塔斯·格卢普。

生：维鲁卡·索尔特。

生：维奥莉特·博雷加德小姐。

生：迈克·蒂维。

师：最后就是我们熟悉的——

生：（齐）查理。

师：是的，这几个人都得到了金奖券。其中，得到金奖券的第一个人是——

生：（齐）奥古斯塔斯·格卢普。

师：他最大的特点是什么？

生：（齐）胖。

师：作者是怎样写他的胖的呢？

生：作者说他的脸像个大面团。

师：我们来仔细读读这段话吧。（课件出示）

他是个九岁男孩，胖得像用强力打气筒打足了气一样。他浑身都是鼓出来的松软肥肉，脸像一个大面团，上面有两只小葡萄干似的贪婪眼睛窥视着外面的世界。

（学生自由读）

师：这个小男孩很有特点，他很胖，作者写得太形象了，像——

生：像用强力打气筒打足了气一样。

生：他浑身都是鼓出来的松软肥肉。

生：他的脸像一个大面团，感觉他平时很能吃。

生：他的眼睛虽然小，但也跟吃的有关，是葡萄干。

师：作者写得太形象了，这样的方法很值得我们学习。第二个得到金奖券的是维鲁卡·索尔特，在这之前，发生过很好玩的事情，谁来说说？

生：书中写道："现在全国，说实在的，全世界好像一下子掀起了购买巧克力糖的热潮，人人在发狂似的寻找余下的四张珍贵奖券。可以看到女士走进糖果店，一次买下十块旺卡工厂出品的巧克力糖，当场撕掉包糖纸，焦急地看里面有没有闪闪发光的金纸。孩子们拿起锤子打破他们的储蓄罐，拿着一把把零钱跑到商店去。"

生：还有一个跟大盗相关的事情呢！在某个城市里，一个出名的大盗走进一家银行抢劫了一千英镑，当天下午全用来买了旺卡工厂出品的巧克力糖。当警察走进他家逮捕他的时候，发现他正坐在地板上，周围巧克力糖堆积如山，他正用一把长长的刀刃在剥包糖纸。

生：甚至还出现了假奖券。远在俄国，一个叫夏洛特·鲁斯的女人声称已经找到第二张奖券，但是那只是一张伪造得很巧妙的假奖券。

生：还有一个科学家也参与了其中，发生了好玩的事情：英国著名科学家福尔博迪教授发明了一种仪器，它不用撕开巧克力糖的包糖纸就能马上告诉你里面是不是藏着金奖券。这仪器有一条机械臂，能猛力弹出来，抓住任何只含一点点金子的东西。这仪器一时好像能解决一切问题了。不过很可惜，当科学家在一家大百货商店的糖果柜台前当众炫耀他的仪器时，仪器的机械臂一下子弹了出来，去抓旁边站着的一位公爵夫人嘴里镶的金牙，结果大出洋相，仪器被观众当场捣毁了。

师：太有意思了，竟然有人抢了钱买巧克力，有人拿的是假金奖券，科学家发明的仪器竟然去抓公爵夫人的金牙，简直太好笑了。如果让你当一位作家，你会写出怎样有趣的情节呢？

生：我会写有人请绘画师画了一张特别逼真的金奖券。

生：我会写很多人都不去工作了，整天在买巧克力，然后剥开包装纸，希望得到金奖券。结果他们家里的钱很快就花完了，连房租都付不起了。

生：我会写妈妈们都只顾着买巧克力，想要得到金奖券，孩子们放学回家了要吃饭，妈妈说："还吃什么饭啊，吃巧克力吧，咱们家巧克力可多了，正好，你们也喜欢吃巧克力啊！"

师：多有趣的设想啊！我们来看看第二个人是怎么拿到金奖券的？

（学生读相关段落）

师：为了得到一张金奖券，这一家买了几十万块的巧克力。如果这几十万块的巧克力真的要吃，这一家人会怎么样？

生：那就吃成大胖子了。

生：吃得肚皮都快撑爆了。

生：肯定吃得牙齿都坏了。

师：书中写了，他找了好多人去帮他拆巧克力的包装，最后终于找到了第二张金奖券。看来这张金奖券得来还真的挺不容易啊。查理的金奖券是怎么得来的呢？大家赶快去读读书。

（学生自主阅读，思考。）

师：谁来跟大家分享分享？

（一生讲述查理得到金奖券的过程）

师：查理拿到金奖券之后，是什么样的感受呢？

生：查理一动也不动。他甚至没有把裹着巧克力糖的金奖券抽出来。当周围的人又推搡又叫嚷的时候，他就这样一动不动地站在那里，双手紧紧抓住那张金奖券。他感到头晕眼花。他有一种奇怪的飘飘然的感觉，好像自己是个气球在空中飘来飘去。他的脚像是根本没有碰到地面。他能够听到他的心在喉咙里怦怦直跳。

师：他都不相信自己，在那里一动不动。我们来看看影视作品中查理这一刻的表现吧。（播放视频）

师：他想把金奖券怎么样？

生：（齐）卖了。

师：查理不是特别想进入到巧克力工厂吗？没有金奖券可不行啊！

生：因为他的愿望不是吃一辈子的巧克力糖，而是不让他们全家都挨饿。

师：你发现这是一个什么样的孩子？

生：懂事、善良的孩子。

师：我们在读书的时候，不光要去读文字，还可以看看相关的视频，链接相关的资源，我们会了解更多的信息，获得更深刻的感受。

○○○○○○
赏 析

这一环节，教师通过引导学生品味重点部分写法的形象、分享有趣的情节并尝试进行创编、预测情节、观看视频发表感受等实践活动，让学生从中进一步感受作品语言文字及其形象的魅力，唤起阅读期待。同时，整本书阅读不仅停留在文字阅读中，教师还加入了适当的视频资源，进一步丰富了学生的阅读体验，激发了阅读兴趣，拓宽了阅读视野。

任务三：阅读重点语段，感受故事神奇

活动一：聚焦人物变化，发现奇特之处

师：（出示人物插图）同学们，大家看看，这就是查理的什么人？

生：他的爷爷，约瑟夫爷爷。

师：查理的爷爷，一个年龄很大的人，一个在床上已经躺了20多年的人。但是当他得到这样一个好消息的时候，奇迹发生了。看看这张图片，发生了什么奇迹？

生：他跳起来了。

师：我们来读读书中对他的描述吧。

（教师出示课件，指名一生站起来读。）

接着，约瑟夫爷爷的脸上一点儿一点儿地绽开一个美丽的笑容，他抬起头来直望着查理。他的两颊泛起红霞，他的两眼睁大，闪着快乐的光芒，每只眼睛的正中心，在黑色的瞳孔里，慢慢地跳动着狂喜的小火花。接着，这位老人家深深地吸了一口气，突然，事前毫无动静，他体内好像来了一个大爆炸。他挥起双臂，放声大叫："好啊啊啊啊啊啊啊！"与此同时，他瘦长的身体已经起来，离开了床，他那碗汤泼到了约瑟芬奶奶的脸上。这位96岁半、20多年没有下过床的老先生一下子跳到了地板上，穿着他的睡衣，开始跳起胜利的舞蹈来。

"好啊啊啊啊啊啊啊！"他高声欢呼，"为查理三呼万岁！万岁，万岁，万万岁！"

师：如果这时候巴克特先生进来，看到这样的情景，他会——

生：巴克特先生应该会非常惊讶，因为这20多年没有下床的老先生突然一下子跳到了地上，而且还在跳舞。

师：这也太神奇了，太不可思议了，难怪这本书获得了一个奖项，叫——

生：世界奇幻文学大会奖。

师：确实，这部分内容充满了奇幻的色彩。我们再来读读这段话，感受感受这奇妙之处！

（学生声情并茂地读描写约瑟夫爷爷的段落）

师：这就是他的爷爷，一个原来躺在床上不能动的老人家，现在不光可以站起来，还把一碗汤泼在了约瑟芬奶奶的脸上。他不光下了床，还跳起了舞，你都能想象他的舞蹈所表达的意思是什么。

（众生大笑）

活动二：借助视频资源，引发阅读期待

师：同学们，得到了金奖券就有机会去巧克力工厂看一看，让我们跟随查理一起走进这奇妙的巧克力工厂吧。（播放视频）

师：这就是巧克力工厂，这本书的后边有一章叫"重大日子的来临"，那么，重大的日子来临了，他们进入到了巧克力工厂，又会做哪些事情呢？后面请大家继续读这本书，有机会我们再次进行交流。最后，王老师留给大家的作业是：首先，请大家运用课内学到的方法继续读这本书；其次，请大家去讲述自己觉得这本书中最有意思的部分，大家可以讲给自己的好朋友或者家人听。

赏 析

上述教学片段聚焦重点语段，感受这本书的"奇幻"所在；播放视频，唤起积极的阅读心理效应。整本书阅读，对关键语段的文字要品味体会，从而让学生去领略作品的独特风格；但是又不完全囿于文字阅读，适当联结与整本书相关的多种阅读资源，可以将学生的阅读视角延伸至更广阔的空间。作为推进课，这一环节的教学，进一步达到了调动兴趣、总结方法、生成经验的目的，为学生提供了持续阅读的动力。

总评

整本书阅读的导读课、分享课的案例较多，推进课怎么上，一直是广大一线教师普遍感到困惑的。王林波老师的这节整本书阅读推进课，就此作出了相应的回答。

第一，整本书阅读推进课要做到整体把握。整本书阅读同单篇阅读、群文阅读不同。"新课标"指出，整本书阅读要"制订阅读计划，综合运用多种方法阅读整本书；借助多种方式分享阅读心得，交流研讨阅读中的问题，积累整本书阅读经验，养成良好阅读习惯，提升整体认知能力，丰富精神世界"。由此可见，整本书阅读的核心是整体阅读。王老师的这节推进课调动学生已有的阅读经验，聚焦人物关系梳理、关键情节、重点语段，引导学生对整本书整体内容进行感知和把握。在思维能力培养上也体现了较为系统的观照和建构，指导学生整合多种信息，进行解释、判断、预测，不断生成新的意义。这样一来，整本书阅读就不仅仅对应听说读写能力的培养，而将重点放在了阅读兴趣、习惯、速度、策略以及思维方式培养、作品意义建构和对生活生命的体悟上。

第二，整本书阅读推进课要做到联结经验。学生在阅读的过程中，主动将自己的生活经历、体验纳入其中，会大大提升阅读的效益。王老师适时引导学生进行角色的换位体验、发挥想象创编情节，并时时创设分享阅读经验的机会，这些做法利于让学生同文本、作者进行深度对话，在阅读的过程中，不断遇见自己、发现自己、提升自己、完善自己，学生更能全面了解作品中人物形象的特征，更易于与作者产生情感共鸣、思想交流，把作者对人生、历史、文化等的看法，与自己的经验联系起来，获得更持续、更有深度的生命体验，并逐渐汲取主动阅读、深度阅读的动力，利于培养良好的阅读习惯。

第三，整本书阅读推进课要做到打开视野、丰富资源。作为推进课，要承接导读课，同时还要为后续的分享课作好必要的铺垫。教学即将结束，王老师为学生布置了阅读任务，"首先，请大家运用课内学到的方法继续读这本书；其次，请大家去讲述自己觉得这本书中最有意思的部分，大家可以讲给自己的好朋友或者家人听"，这样的设计承上启下，没有仅仅囿于阅读文字本身。同时在这节课上，王老师开发了相关视频资源，实现理性和感性的有机融合，让学生在视频和文字的对照互鉴中开阔视野、陶冶性情，扩大了阅读空间，拓展了阅读视野，也引导学生积累这样的阅读方法，学会通过其他资源与原著进行互文性比照阅读。

总之，王老师的这节整本书阅读推进课达到了帮助学生总结梳理方法、唤起阅读新期待、定位阅读新起点、引导其持续阅读的目的。学生在交流分享中，兴味盎然、乐在其中，阅读的兴趣被一次次点燃。

孙世梅

运用恰当的阅读方法，感受名著的独特魅力
——《骑鹅旅行记》导读课教学实录

执教者：王林波

任务一：发现这本书的奇妙，交流购书的方法

活动一：链接生活，对比中发现书的特点

师：同学们，王老师在黑板上写一个大家特别熟悉的词语，一起读——

生：（齐）旅行。

师：我知道很多同学都有过旅行的经历，说说看，你们去过哪里旅行？当时是怎么去的？

生：我去过海南，是坐飞机去的。

生：我去过安徽，是坐高铁去的。

生：我去过洛阳，我们一家人是自驾游的。

师：无论去哪里，交通工具都很重要。不过，今天我要写下的是一种很特别的方式（板书：骑鹅），我们读一下这个词语。

生：骑鹅。

师：刚刚说去过海南、安徽等地的同学，你们旅行是骑鹅去的吗？（众生笑）

生：骑鹅旅行在现实生活中是不可能的，我们太重，鹅也驮不动，而且，鹅也飞不了那么远。

师：是啊，说得有道理，不过你们看——

（课件出示《骑鹅旅行记》插图）

师：今天我们读的这本书叫《骑鹅旅行记》，其中一个版本中有这样一幅插图，你们看，这个男孩就骑在鹅的背上，正在天空飞呢。现在，你们可以作出一个很大胆的预测了，这应该是一本什么书？

生：童话。

师：今天我们要读的就是这本童话书，在小学阶段，我们读过很多的童话，读童话一定要学会——

生：想象。

师：对，你不想象，这本书读起来就没意思了，一定要去大胆地想象到底发生了什么事儿。这是我们的阅读经验，今天在阅读的时候，我们可以用上这个方法。

○○○○○○

赏 析

在轻松的谈话中，王老师引导学生链接生活，看书的插图，在比较中发现这本书的特点。有了准确的定位，后面学生在阅读这篇童话故事时才会大胆想象，感受童话故事的神奇。

活动二：联系教材，选择适合的图书版本

师：同学们，要读书，先得买。我们会发现网上的这本书有很多版本，该怎么选择呢？

生：买便宜的。

师：你是勤俭持家的好榜样啊。（众生笑）

生：选择一些有名的出版社出的。

师：是啊，可以选择好的出版社出的，不能总买便宜的。

生：买销量高的。

师：这个方法也不错，销量高就证明大家都在买，这个版本的书极有可能是很不错的。怎么看销量，大家知道吗？谁上来现场操作一下？

（一生上台进行演示）

师：是的，选择有名的出版社、看销量都有助于我们选出好书来。除此之外，我们的教材也带给我们一些启示，大家发现了吗？赶快打开教材，翻到《骑鹅旅行记》这一课看看吧。

（学生翻阅教材中的课文，思考。）

师：有发现吗？

生：在课文的底下有个注释，写着译者高子英、李之义、杨永范。我们可以选择这三个人翻译的那个版本。

师：是的，我们最好读跟教材一致的版本。现在怎么办呢？

生：我们可以看看刚才搜到的那么多书里面，哪个是高子英、李之义、杨永范翻译的，就可以选择了。这本封面上写了高子英、李之义、杨永范译，就可以选择这本，这本是人民文学出版社出版的。

师：同学们，在这本书的封面上，还写着"经典名著　口碑版本"，知道什么是口碑版本吗？

生：就是大家都说好，大家都认可的版本。

师：这本书就是口碑版本，从哪里能看出来呢？

生：可以看商品评论，可以看看买过的人是怎么说的。

师：我请两位同学读上两条，看看这本书到底怎么样。

生：内容丰富有趣，同时给人教育意义，这本人民文学出版社的，排版清晰，读起来舒服，很不错。

生：对比了好几个版本，最终选择了这个版本的《骑鹅旅行记》，经典名著，口碑版本，又是人民文学出版社出版的，值得信赖，文字清晰，值得购买。

师：看来这本书的口碑确实不错。选择一本书有很多的方法，掌握了这些方法，我们就能够读到更好的书。

> ○ ○ ○ ○ ○ ○
>
> ## 赏 析
>
> "新课标"在"整本书阅读"这一学习任务群中强调,要指导学生认识不同类型图书的特点和价值,根据自身实际确定阅读目的,选择图书和适宜的版本,合理规划阅读时间。这里王老师引导学生联系课文,关注评论等,在比较中选出适合的版本来阅读,这样做非常有必要,实用性很强。

任务二:概览内容,制订图书阅读计划

活动一:概览首尾内容,了解作者信息

师:同学们,这本书是谁写的呢?
生:塞尔玛·拉格洛芙。
师:再看前面有个方括号,你发现了什么?
生:塞尔玛·拉格洛芙是瑞典作家。
师:要了解作家的信息,一般可以看书的什么地方?
生:第一页,或者勒口的地方。
师:大家翻翻看吧。
(学生翻阅,发现没有。)
师:没有啊,那怎么办呢?还可以看哪里?大家翻翻这本书,看看能不能发现。
生:导读页上有,后面的知识链接里面也有呢。
师:好,现在给大家一点时间,把书打开,你们可以读最前边的导读,也可以读最后边的知识链接,看一看你们能获取哪些作者的相关信息。
(学生自主进行阅读,获取相关的信息。)
师:我们来交流交流,说说你获取的信息吧。
生:塞尔玛·拉格洛芙是诺贝尔文学奖获得者,同时也是瑞典文学院院士。

师： 看来他的水平很高，一般人根本不可能成为院士，而且他获得了诺贝尔文学奖，这是很厉害的。

生： 他的作品中，介绍了地理学、生物学和民俗学等知识，这本书还被当成了当时瑞典的教科书。

生： 塞尔玛·拉格洛芙因《骑鹅旅行记》一书获得了1909年的诺贝尔文学奖。

师： 1909年已经获得了这样的奖，说明这本书流传至今已经很长时间了。看来这本书很值得我们去阅读。

○ ○ ○ ○ ○ ○ ○

赏 析

阅读一本书，了解作者很有必要。这里王老师引导学生从封面上发现作者的名字，接着通过概览导读页及后面的知识链接，让学生对作者的信息有了更多的了解，有效训练了学生梳理并获取信息的能力。

活动二：发现阅读价值，获取阅读动力

师： 刚才大家翻看了前面的导读页和后面的知识链接，应该也发现了这本书的页码了吧？

生： 我发现最后边的知识链接是592页。

师： 是啊，这本书快600页了，很厚。我知道很多人面对一本特别厚的书，特别是打开也没有多少吸引人的插画时，可能会有畏难情绪，不想读了。你怎么样鼓励他，让他把这本书读下去呢？

生： 我们可以看看刚才的导读页、知识链接，还可以看看封底。

师： 大家赶快看看这三个地方吧。

（学生自主阅读，获取信息。）

生： 这本书是著名作家王蒙推荐的，也是北京大学教授曹文轩、教育部统编语文教科书总主编温儒敏推荐的。

师： 名家、编者都在推荐，说明这本书值得读。如果我就是一个有畏难情绪的小读者,你会怎样鼓励我?

生:小同学,这本书很有价值,著名作家王蒙、北京大学教授曹文轩,还有教育部统编语文教科书总主编温儒敏先生都在推荐,你一定要坚持读下去,你会有很多收获的。

师:谢谢你,掌声送给他,非常好。这是一种方法,还有其他方法吗?我请两位同学上台,一个是有畏难情绪的小读者,另一个人来鼓励他读下去。

生:这本书让塞尔玛·拉格洛芙获得了1909年的诺贝尔文学奖,能够获得这样的奖项那是非常不容易的,你一定要读一读。

生:可是这本书太厚了,我担心我读不完。

生:没关系的,坚持一下,就能读完了。这本书还被当成了当时瑞典的教科书呢,你读一读,肯定收获很大。

生:好吧,那我就去读吧。

赏 析

这个版本的《骑鹅旅行记》很厚,有近600页,而且插图很少,很多学生可能会产生畏难情绪。怎样帮助学生顺利地进行阅读呢?王老师一方面引导学生关注名家、编者的推荐语,一方面创设情境,扮演有畏难情绪的小读者,让学生进行鼓励,在互动中获取阅读的兴趣和动力,这样就给教学注入了活力,能够有效激发学生的阅读兴趣。

活动三:聚焦图书目录,制订阅读计划

师:消除了畏难情绪,要开始阅读了,光有想法可不行,落实读书得有计划。我们得制订可行的计划,按照计划去阅读,阅读的效果才会更好。大家翻到目录,看一看这本书有多少个章节。如果我们要用两个月时间读完,我们可以怎么列出阅读计划呢?大家可以想一想,拿出笔,在目录旁边标注一下。

(学生思考,标注。)

生：两个月如果都算30天的话，一共是60天时间，这本书一共是55章，每天读一章足以读完，如果要是有时间的话，每天还可以多读两章，比如说周末的时候。

师：你数学学得真好！非常清楚，值得表扬。

生：我觉得可以按周算，两个月大概是8周时间，55章，差不多每周读7章就够了。

师：这也是个很好的方法。

生：两个月大概是60天，书大概600页，差不多一天读10页就可以了。

师：这个方法也不错。我要表扬我们班同学，你们制订计划用到了数学知识，而且计算速度特别快，制订的计划很合理！

赏析

凡事预则立，不预则废。要阅读这样一本大部头的书，制订阅读计划是非常有必要的。王老师引导学生借助目录，通过计算，很快就制订了阅读计划，实效性很强。

活动四：概览图书内容，发现写法特点

师：这本书很特别，书名叫《骑鹅旅行记》。旅行，一定会去到很多地方，大家浏览一下这本书的目录，看看有什么发现。

生：目录中有很多的地名，第四章讲到了格里敏大楼。

生：第十一章有厄兰岛之角。

生：第八章有罗耐毕河畔。

生：第九章有卡尔斯克鲁纳。

师：好，咱们就说卡尔斯克鲁纳。大家翻到101页看一看，"第九章 卡尔斯克鲁纳"下面，非常鲜明地看到的黑体字是什么？

生：4月27日，星期六。

师：我们再看一下"第二十九章 达尔河"，翻到315页，谁又发现了黑体字？

生：4月29日，星期五。

师："第五十章　海岛藏宝"，谁来读读黑体字？

生：10月7日，星期五。

师：谁发现了一个小秘密？这本书是用什么方式来写的？

生：用日记的方式。

师：来到一个地方，就把这个地方记录下来，这本书就是用这样的方式来写的。我们在阅读的时候就仿佛跟着作者开始了一天又一天的旅行，看到了一个又一个不同的景象，这样的阅读体验很好。

○○○○○○○
赏　析

不同的书，特点不同。即便是同一本书，出版社不同，呈现出的特点也会有不同。王老师指导学生阅读这一版本的《骑鹅旅行记》时，先是引导学生发现目录中地名很多的特点，接着通过概览发现每一个章节都是用日记的方式来呈现的，这为后续的阅读作了很好的铺垫。

任务三：阅读片段，展开沉浸式阅读

活动一：链接生活，感受儿童视角之真

师：现在，就让我们开始这本书的阅读吧，我们先来读第一章，大家仔细读一读第一和第二页。这本书的作者塞尔玛·拉格洛芙是瑞典人，瑞典距离我们国家很远，但是当你阅读这本书的时候，你会发现好像文中的主人公与我们却很近，因为有很多的场景、很多的故事，也发生在我们身边。读到这样的内容时，请你勾画下来，一会儿我们可以分享交流。好，开始自己读。

（学生安静地阅读，思考，勾画。）

师：我们来交流交流吧！谁在读第一页的时候就发现有一段话读起来很

亲切，好像就是我们自己干的事儿？

生：书中一开始写的"他贪吃贪睡，无所事事，并且非常淘气"，我觉得好像就是在写我呢，我也是贪吃贪睡，还很淘气。

师：是的，很多同学都有同感。还有哪些文字也让你印象深刻？

（一生读）

可是，父亲好像猜透了他的想法。父亲走到门槛正要出去，却又停下转过身来。"因为你不愿意跟母亲和我到教堂去，"他说，"我想你至少要在家里把讲章读完。你能做到吗？"

"可以，"男孩说，"我一定做到。"其实他心里却在想，念多少还不是全由他自己了。

师：我觉得这些话好熟悉，尤其是这句"我一定做到"，还有"其实他心里却在想，念多少还不是全由他自己了"。我们的生活中也会出现类似的情景，谁来联系自己的生活说说？

生：我爸爸妈妈出去上班，暑假我一个人在家，我就想着看电视，能看多久就看多久。

生：暑假的时候，我一个人在家，我就把冰箱打开，吃了好几个冰激凌，然后还把冰箱里的冰激凌重新摆了一下，让爸爸妈妈看不出来。他们走的时候说不让我吃冰激凌，说那天是阴天，等大晴天的时候再吃，我当时说"我一定做到"，但他们出去上班了，那吃几个还不是由我说了算。

师：同学们很有同感啊！这就是名著，就是经典作品。虽然是瑞典作家写的瑞典孩子的生活，但是我们读起来却十分亲切，写的就好像是我们一样。阅读这样的经典作品，我们一定要学会联系生活。你读到哪一段的时候又想到了自己的生活？

生：他想，好极了，父母都要出门，这几小时我该自由自在一番了。"到时候我可以把父亲的鸟枪拿下来放一枪，也再没人管我了。"他自言自语地说。

师：生活中有没有类似的场景？

生：爸爸妈妈走的时候，我可以把爸爸的剃须刀拿来玩一玩。

生：爸爸妈妈不在家的时候，我还打开妈妈的化妆品盒子，给自己化过妆，在他们回来之前，我洗得干干净净的，他们都没有看出来。

师：你看，这就是经典作品，这就是我们的生活。还有哪位同学对哪些话印象很深？

生：可是，父亲好像猜透了他的想法。父亲走到门槛正要出去，却又停下转过身来。"因为你不愿意跟母亲和我到教堂去，"他说，"我想你至少要在家里把讲章读完。你能做到吗？"

师：这些话确实特别熟悉，你的爸爸妈妈是不是也有都出门了，但又杀了个回马枪，打开门进来的情景？你大胆猜测一下，爸爸妈妈当时为什么这么做？

生：我妈妈也这样做过，她是要看我有没有偷着玩，要提醒我把作业做完。

师：你太有经验了，你有没有被逮着？

生：有一次我刚打开电视机，躺在沙发上，妈妈就进门了，好惨啊！

生：我妈没那么厉害。她是忘性大，她经常忘拿手机，所以出去了又回来取手机。

师：不，我有一个大胆的猜测，你妈妈是故意忘拿手机的。（全班同学发出笑声）

生：所以我妈出去的时候，我都得先检查一下，看她有没有忘带手机，或者钥匙，如果她都带了，我才敢打开电视看。

师：你真是一个"贴心"的孩子！来，我们继续交流，读到哪里的时候，你又想到了自己的生活？

生："'讲章总共14页半，'母亲又叮嘱了一句，'快坐下念。要不你念得完吗？'"我妈也是这样，总爱在我跟前唠叨，老是叮嘱我干这个，干那个。

师：其他同学呢？你们的妈妈也是这样吗？

生：我在家里写作业的时候，我妈一定都说"快点做，还有两套卷子呢，你做得完吗？"

师：我们仿佛不是在读瑞典人的生活，而是在看自己的生活。这个妈妈不就跟我们的妈妈一样吗？这个孩子不就跟我们一样吗？比如说这个男孩所干的事情——（课件出示）

他坐在太师椅子上念了起来。他无精打采地念了一会儿，好像那喃喃的声音使他产生了睡意，他意识到他在打盹了。

师：我估计很多同学也有过这样的经历，谁来说说？

生：我妈老让我写作业，她走了我就开始不情愿地唉声叹气。

生：我妈每次出去都会给我布置一份卷子，没写两道题，我就看着旁边的电视遥控器，不自觉地想伸手去拿。

生：我妈给我布置了一套试卷，上面的题好难，我做着做着就睡着了。

师：打开卷子就想睡觉，估计不是你一个人吧？看来，以后当你失眠的时候，请记得打开卷子，这样你更容易入睡。

赏析

书中的尼尔斯是一个孩子，一个与当下的读者——学生年龄相仿的孩子，他们一定有着同样的成长经历和感悟，因此，在阅读这本书时一定要将学生的生活与尼尔斯的经历链接起来，这样的阅读才更有价值。王老师正是这样做的，学生的兴趣被充分调动了起来，难怪他的课堂上充满了欢声笑语。

活动二：感受美景，品析语言文字之美

师：经典作品一定有特别之处，除了能够引发我们的共鸣，这本书的语言也很美呢！我们来读一读第一章的第五页，看看你们被哪段文字吸引住了。

（学生阅读，思考，勾画。）

师：我们来交流交流吧！

生：房门半开着，在屋里听得见云雀在歌唱。鸡鹅在院子里散步；奶牛在牛棚里闻到春天的气息，有时也发出哞哞的叫声。

师：谈谈你的感受吧。

生：这段话语言很美，写得很好！鸡鹅我们也见过，我们只看到它们在院子里乱跑，从来没想到是在散步。

师：是啊，继续讲讲你的感受。

生：奶牛闻到了春天的气息，感觉奶牛像诗人一样。

师：咱们一起再来读一读这段话吧。

（师生齐读）

师：这就是大作家。面对这样的经典作品，我们要品味语言，感受作品独有的魅力。你们还觉得哪一段也不错，也很值得我们细细品味？

生：树木虽然还没有发绿，但已经抽出嫩芽，散发着清香的气味。沟渠里积满了水，渠边的款冬花已经开放。长在石头围墙上的小灌木也都油光光的透出了紫红色。

师：谈谈你的感受吧。

生：这段话写得真美，树木的嫩芽散发着清香的气味，渠边的款冬花已经开放，小灌木也都油光光的透出了紫红色。这几句话特别有画面感，读着句子，我都能看到画面。

师：经典名著就要这样读，有时候我们会浏览，获取信息，制订阅读计划，有时候我们又会精读，品味语言，链接生活。有目的地阅读，阅读效果会更好。

赏 析

阅读整本书，我们不能停留在读懂故事、了解情节的层面。语文课的教学，是要提升学生的语言表达能力的。因此，我们必须引导学生关注书中那些生动的描写，引导学生通过朗读、品析，不断丰富语言积累，提升语言表达能力。

活动三：发现神奇，体会童话作品之妙

师：同学们，课前我们说《骑鹅旅行记》在生活中发生不了，因为这是童话故事，有着神奇的想象。接下来请大家快速读一读第五至八页，看你们能找到哪些特别神奇的地方，请把相关的内容勾画下来。

（学生阅读，思考，勾画。）

生：大家看第六页，"坐在箱子上的那个小狐仙还没有手掌横过来那么高"。我把手掌横过来试了一下，你看才这么高，但是那个小狐仙都没有手掌横过来高，这太神奇了。

师：确实很神奇，还有吗？

（另一生读）

因此，男孩马上就同意了那笔交易。他把纱罩停住，好让小狐仙爬出来。可是正当小狐仙快要爬出来的时候，男孩又想，他应该向他要求一大笔财产和希望得到的一切好处。他至少应该提出一个条件，让小狐仙把讲章变进他的脑子里。"我真笨，怎么能把他放掉呢？"他想，于是又开始摇动纱罩让小狐仙再掉进去。

可是，正在这时，他突然挨了一记重重的耳光。他觉得他的脑袋炸成了碎块。他先撞到这一堵墙上，接着又撞到了另一堵墙上，摔倒在地失去了知觉。

师：谈谈你的感受吧。

生：以前看到的书里的那些小精灵都是很诚实的，但是这里的小狐仙不是的，而且很厉害，他一开始就没准备和男孩交流。

师：对，小男孩还挨了一记耳光，谁扇他的？

生：小狐仙。刚才说他还没有横着的手掌高，结果这一巴掌却这么重，让小男孩的脑袋差点儿炸成了碎块，最后还摔倒在地失去了知觉。这也太不可能了，太神奇了。

师：这个故事就是这么神奇。同学们，神奇有趣的故事才刚刚开始，继续读，你们将看到更多神奇的景象。今天，我们就要开启一扇大门，跟随着外国名著的脚步去发现更广阔的世界，感受文学作品的魅力。今天我们读的是《骑鹅旅行记》，外国名著还有很多，比如这两本——

生：《鲁滨逊漂流记》《汤姆·索亚历险记》。

师：课后，请同学们进一步完善自己的阅读计划，读好今天的这本书，同时，运用学到的阅读方法，也去读一读《鲁滨逊漂流记》和《汤姆·索亚历险记》，让我们一起跟随着外国名著的脚步去发现更广阔的世界，感受文学作品的魅力。今天的这节课我们就上到这里，下课。

赏 析

这本书是童话故事类的文学作品，书中有着奇妙的想象。王老师在教学时，引导学生聚焦重点篇章、关键语句，展开想象，帮助学生感受故事情节的奇妙，体会童话故事的魅力。

总评

"新课标"的颁布与实施，标志着"只读一本语文书的时代彻底过去了"，整本书阅读已经成为语文课程的重要内容，语文教师指导学生阅读课外书已经是分内之事。课外阅读课程化已经势在必行，语文教师要把培养读书习惯作为课程的主要目标，把读整本书作为语文课的主要教学内容之一，把学生读书作为语文课的主要教学方法，把读书习惯养成作为主要的语文学习评价指标。推进整本书阅读课程，需要遵循课程标准，结合统编教科书，推荐优秀阅读书目，上好整本书导读课、推进课、分享课，激发阅读兴趣，教会阅读方法，培养阅读习惯。林波老师的这节导读课，环节简约，内容丰实，让学生从"阅读"到"会读"，从"会读"到"悦读"，是一节标准规范的导读课。

"读书时有兴"——激发兴趣是关键。小学阶段整本书阅读教学的首要任务是激发学生的阅读兴趣,"新课标"中明确要求"激发学生的阅读兴趣,丰富阅读体验,拓宽阅读视野""以整本书阅读兴趣、阅读习惯的培养为基础,让学生逐渐建构不同类型整本书阅读经验"。整本书阅读教学的整个过程、不同课型,要把"激发学生的阅读兴趣"贯穿始终。"导读课"激发兴趣,让学生感到读书的有趣;"推进课"激发兴趣,让学生持续感到读书的乐趣;"分享课"激发兴趣,让学生在分享交流中有获得感,有成就感:知识丰盈、精神成长,进而产生读书的志趣。尤其是"导读课",要想尽各种办法、用尽各种策略,让学生兴味盎然地开始读书,才是秉轴持钧。本节课的各环节,从开始的"旅行谈话,引出书名",到"网上购书,选择版本",再到"检视阅读,制订计划",最后"阅读片段,链接生活""品读语句,感受奇妙",林波老师均在激发学生的阅读兴趣教学中,他借助标题设置悬念、通过学界推荐造势、借助阅读体验联系生活等,无处不在激发学生的阅读兴趣,学生在一次次的阅读期待中,产生了浓厚的阅读兴趣,于是兴趣高涨地进行阅读。小学阶段的整本书阅读,就该如温儒敏教授撰文所言"把培养阅读兴趣与习惯,当作语文教学的头等大事"。

"读书必知书"——学会方法是基础。叶圣陶先生曾说:"试问,养成读书的习惯,不教他们读整本的书,那习惯怎么养得成?"阅读习惯的养成,阅读方法起到至关重要的作用。"新课标"中要求"引导学生了解阅读的多种策略,运用浏览、略读、精读等不同阅读方法"。整本书阅读过程中,不能仅用单一的阅读方法,必须运用多种思维方法、阅读方法进一步实现阅读目标。要让学生学会阅读封面、封底、腰封的方法,阅读目录的方法,制订阅读计划的方法,圈点、勾画、批注的方法,对照阅读的方法等。信息时代也为整本书阅读提供了更多的新内容和新方法。本节课中,林波老师不仅引导学生学习了上面提到的一些方法,而且巧妙地联系实际,让学生学会网上选书的方法、遴选版本的方法。学生现场操作,实际演练网上搜书名、选购图书的过程。而后,林波老师恰当引导:"我们会发现网上的这本书有很多版本，该怎么选择呢？"学生纷纷献言献策，"买便宜的""买有名的出版社的""买销量高的"，林波老师又引导学生结合统编教材"了解译者，选择版本"。如此，学生学会自主选书，才会自主读书，习惯才能逐渐养成。

"读书趋简要"——把握整体是重点。"统整性"是整本书阅读的基本特征，从课程的角度深入理解整本书阅读教学，首先要突出"整"字，即强调阅读的容量，相对于单篇而言，是大量与完整的。同时，"整"也暗含从宏观、全局、整体上把握的意旨，只有站在"整"的高度，才能抵达"深"的层次。具体表现为，课程内容要强调"整本"，课程设计要突出"整合"，实施路径要注重"整体"，学习策略要落实"整理"等。整本书阅读的"统整性"特征，其要义不仅在于课程内容和课程设计的统整，更在于对学生认知过程和学习经历的统整。"新课标"中亦明确要求："通读整本书，了解主要内容，关注整体与局部、局部与局部之间的关系；重视序言、目录等在整本书阅读中的作用。"本节课教学中，林波老师引导学生阅读作者介绍、名家推荐等信息，初步了解基本内容，阅读目录，发现"日记体"的写作方式等，通过概览全书，基本了解内容概要。整本书阅读教学就该像林波老师这样，引导学生在阅读过程中建立起前后内容的联系，教会学生进行信息的提取、分类和整合，形成严密的阅读信息网，引导学生在阅读过程中进行跳跃式思维和归纳式总结。在此过程中学生积累了阅读经验，提高了信息的提取、分析和处理能力。

"读书患不多"——制订计划是核心。从学生阅读学习的视角看小学阶段的整本书阅读，主要存在三个问题：一是缺乏阅读兴趣导致的"不愿读"，二是缺乏正确的阅读方法导致的"读不好"，三是缺乏持久阅读意志导致的"读不完"。当阅读兴趣和阅读方法不能持续激发学生的阅读动机时，科学合理的阅读计划就变成了助力、提升学生坚持阅读的前提和基础，只有制订完善的阅读计划才能使整本书阅读更有秩序地开展。本节课中，林波老师引导学生翻阅目录，细数章节页数，计算阅读数量，化大为小、化厚为薄、化多为少，阅读计划简单实效。作为六年级的学生，每天阅读10页是很容易的事，打消了学生阅读大部头整本书的畏难情绪。如果林波老师能给学生提供一份阅读计划记录单，让学生简单填写，并伴读记录，可能对学生后期的持续阅读会更有帮助。

"读书良有感"——联系生活是本质。梳理众多名师学者对整本书阅读教学过程的研究，如有的老师提出"原生态阅读、批判性理解、转化性写作"三个阶段，有的老师提出"读、思、议、写、拓"五个环节，有的老师提出"选书、预热、通读、讨论、展示"五个步骤，发现其有共同特点，都是围绕阅读、思考、表达三种学习活动展开的，即"读""思""达"的过程。整本书阅读过程中的思考、表达，倡导联系学生的生活世界，强调学生的主体地位，关注阅读的过程性，鼓励合作和探究；注重引导学生在语文实践活动中建构阅读经验，获得直接而真实的阅读个性化体验。从本节课中可以看出，林波老师特别注重这一点，从儿童的视角出发，引导学生个性化阅读："我们先来读第一章，大家仔细读一读第一和第二页。这本书的作者塞尔玛·拉格洛芙是瑞典人，瑞典距离我们国家很远，但是当你阅读这本书的时候，你会发现好像文中的主人公与我们却很近，因为有很多的场景、很多的故事，也发生在我们身边。读到这样的内容时，请你勾画下来，一会儿我们可以分享交流。"学生热情高涨，交流热烈，"我觉得好像就是在写我呢，我也是贪吃贪睡，还很淘气""我妈也是这样，总爱在我跟前唠叨，老是叮嘱我干这个，干那个"等，学生读出了自己的个性化感受，学生怎能不爱上读书？接着，林波老师引导学生"感受美景，品析语言文字之美""发现神奇，体会童话作品之妙"，让学生通过优美的语言、生动的情节、连贯的语言逻辑、深刻的思想等体会语言艺术，习得语言规则，丰富语言风格，提升了学生的个性化思考与表达，潜移默化地发挥了经典名著启迪人生智慧、积淀文化底蕴、发展核心素养的多重功效。

杨修宝

图书在版编目（CIP）数据

小学语文学习任务群的解读与实践 / 王林波著. 上海：华东师范大学出版社，2024.
— ISBN 978-7-5760-5435-4

I. G623.202

中国国家版本馆 CIP 数据核字第 2024V4R550 号

大夏书系 | 语文之道

小学语文学习任务群的解读与实践

著　　者	王林波
策划编辑	张　宁
责任编辑	张思扬
责任校对	杨　坤
封面设计	奇文云海 · 设计顾问
出版发行	华东师范大学出版社
社　　址	上海市中山北路 3663 号　邮编 200062
网　　址	www.ecnupress.com.cn
电　　话	021-60821666　行政传真 021-62572105
客服电话	021-62865537
邮购电话	021-62869887
地　　址	上海市中山北路 3663 号华东师范大学校内先锋路口
网　　店	http://hdsdcbs.tmall.com/
印 刷 者	北京密兴印刷有限公司
开　　本	700×1000　16 开
印　　张	14
字　　数	206 千字
版　　次	2025 年 1 月第一版
印　　次	2025 年 1 月第一次
印　　数	4 100
书　　号	ISBN 978-7-5760-5435-4
定　　价	62.00 元
出 版 人	王　焰

（如发现本版图书有印订质量问题，请寄回本社市场部调换或电话 021-62865537 联系）